LE DERNIER DISCOURS

RANDY PAUSCH

PROFESSEUR À CARNEGIE MELLON

Avec

JEFFREY ZASLOW

Traduit de l'anglais (États-Unis) par Jean Blajan

Michel LAFON

Toutes les photos non créditées sont extraites de la collection personnelle de l'auteur, Randy Pausch, et reproduites avec son aimable autorisation. À l'exception des photos pages 5 et 193 de Kristi A. Rines pour Hobbs Studio, Chesapeatre, Virginie.

Titre original : *The Last Lecture.*

7-13, boulevard Paul-Émile-Victor – Ile de la Jatte
92521 Neuilly-sur-Seine Cedex
www.michel-lafon.com

Avec ma gratitude pour mes parents qui m'ont permis
de rêver, et tous mes espoirs pour les rêves
que nourriront mes enfants.

Sommaire

Introduction

J'ai un problème fonctionnel.

Alors que je me sens dans une forme physique éblouissante, dix tumeurs ont envahi mon foie et ne me laissent plus que quelques mois à vivre.

J'ai épousé la femme de mes rêves, qui m'a donné trois jeunes enfants. M'apitoyer sur mon sort ne leur serait d'aucun secours et ne me soutiendrait en rien.

Dès lors, à quoi consacrer le temps qui me reste ?

Une première réponse, évidente, s'impose : aux membres de ma famille. Tant que j'en ai encore la force, je savoure intensément chaque instant passé en leur compagnie, en essayant de les préparer à une existence où je ne serai plus.

Il en découle une question essentielle, comment inculquer à mes enfants ce que j'aurais dû, en principe, leur enseigner au cours des vingt prochaines années ? Ils sont encore trop jeunes pour avoir avec moi ce genre de conversation. Tous les parents rêvent de guider ceux qu'ils ont mis au monde, de leur apprendre à distinguer le bien du mal, l'essentiel de l'accessoire, à affronter les défis que le destin leur réserve. Tous, autant que nous sommes, souhaitons leur raconter certains épisodes de notre propre vie pour les aider à construire la leur.

C'est ce souhait qui m'a poussé à prononcer ce dernier discours à l'université Carnegie Mellon.

Ces conférences sont toujours enregistrées sur cassette vidéo. Ce jour-là, je savais très bien ce que je faisais. Mon ultime leçon n'était qu'un prétexte, une bouteille à la mer que mes enfants, un jour, ramasseraient sur une plage. Si j'avais été peintre, je leur aurais légué un tableau. Si j'avais été musicien, j'aurais composé pour eux une symphonie. Mais je suis professeur. J'ai donc utilisé mon outil de travail habituel, les mots.

J'ai évoqué mon profond amour de la vie, même si la mienne touche à son terme. J'ai parlé d'honnêteté, d'intégrité, de gratitude, de tout ce qui m'importe le plus. Et je me suis évertué à ne pas paraître ennuyeux.

J'aimerais, grâce à ce livre, approfondir ce que j'ai esquissé dans l'amphithéâtre. Soucieux de consacrer aux miens la plus grande part de mon temps si précieux, j'ai demandé à Jeffrey Zaslow de m'épauler. Au cours de cinquante-trois longues randonnées à bicyclette, exercice indispensable que je m'impose chaque jour, je me suis entretenu avec lui sur l'oreillette de mon téléphone mobile. Puis il a consacré des heures innombrables à m'aider à mettre mon texte en forme.

Dès le début, nous savions l'un et l'autre que ces pensées ne remplaceraient jamais les paroles d'un père vivant. Mais il n'existe pas de solution idéale. Nous ne pouvons qu'agir de notre mieux dans la limite de nos possibilités. C'est exactement ce que je me suis efforcé de faire par l'intermédiaire de ce discours et de ce livre.

I

LE DERNIER DISCOURS

1

Le lion blessé veut encore rugir

De nombreux professeurs d'université, aux États-Unis, donnent des conférences intitulées « Dernier discours ». Cet exposé leur permet de réfléchir à ce qu'ils souhaitent transmettre, de méditer sur ce qui leur tient à cœur et d'amener leur auditoire à se poser la question universelle : si nous devions disparaître demain, quel témoignage aimerions-nous laisser à ceux qui nous chers ?

Depuis des années, l'université Carnegie Mellon offre un programme semblable à ses étudiants. Lorsqu'ils me demandèrent d'y participer, ses organisateurs l'avaient rebaptisé « Parcours ». Ils invitaient les professeurs sélectionnés à détailler leur itinéraire personnel et professionnel. Ce thème trop général ne me séduisait guère. J'acceptai néanmoins leur proposition. On m'attribua le créneau de septembre.

À l'époque, je me savais déjà atteint d'un cancer du pancréas. Mais je restais optimiste. Peut-être ferais-je partie des heureux survivants ?

Alors que je suivais mon traitement, les organisateurs m'expédièrent plusieurs courriels :

De quoi allez-vous parler ?
Pourriez-vous nous envoyer un résumé de votre allocution ?

On n'échappe pas au formalisme du monde universitaire, même si l'on a d'autres soucis, comme essayer de ne pas mourir. À la mi-août, on m'annonça l'impression prochaine de l'affiche annonçant ma conférence. Il me fallait donc choisir un sujet.

Cette semaine-là, la sentence tomba. Mon dernier traitement avait échoué. Je n'avais plus que quelques mois devant moi.

J'aurais pu tout annuler. Personne ne me l'aurait reproché. J'avais tellement d'autres choses à faire, affronter ma détresse et le chagrin de ceux qui m'aimaient, régler ma succession. Pourtant, en dépit de tout, je ne pouvais me résoudre à renoncer à ce discours qui, pour moi, serait vraiment le dernier. Cette idée me stimulait. Qu'allais-je dire ? Comment mes propos seraient-ils reçus ? Aurais-je même la force d'aller jusqu'au bout ?

– Ils accepteront que je déclare forfait, dis-je à Jai, mon épouse. Mais je tiens énormément à cet exposé.

Jai m'a toujours soutenu. Elle n'a cessé de partager mes enthousiasmes. Toutefois, l'idée de cette ultime leçon la rebutait profondément. Nous venions de quitter Pittsburgh et d'emménager en Virginie, pour qu'après ma mort nos enfants et elle soient près de sa famille. Selon Jai, il valait mieux que je me consacre à nos deux fils et à notre fille ou à l'aménagement de notre nouvelle maison, au lieu de me plonger dans l'élaboration de ce discours qui, en plus, m'obligerait à faire le voyage jusqu'à Pittsburgh.

– Traite-moi d'égoïste, me répondit-elle, mais je te veux tout à moi. Les heures que tu passeras à préparer cette conférence seront du temps perdu, car elles t'éloigneront de nous.

Logan, Chloé, Jai, Dylan et moi

Je savais ce qu'elle avait enduré. Dès le début de ma maladie, je m'étais promis d'exaucer tous ses désirs, de faire de mon mieux pour l'aider à supporter le fardeau que constituait mon cancer. Voilà pourquoi j'employais l'essentiel de mes journées à assurer l'avenir des miens après ma disparition. Pourtant, je ne parvenais pas à réprimer mon envie de prononcer ce dernier discours.

Au cours de ma carrière, j'ai eu souvent l'occasion de parler en public, et je crois être assez doué pour cela. Mais passer pour le meilleur orateur d'un département d'informatique revient à être considéré comme le plus grand des sept nains. Cette fois, cependant, je sentais que j'avais vraiment un message à délivrer, que je pourrais apporter aux gens, en donnant le meilleur de moi-même, quelque chose de précieux. Le terme « sagesse » est un peu pompeux, mais c'était peut-être celui qui convenait. J'étais libéré de l'avenir, je n'avais donc plus rien à craindre.

Mais Jai ne désarmait pas. Nous avons fini par soumettre le problème à Michèle Reiss, la psychothérapeute que je voyais depuis quelques mois, spécialisée dans l'aide aux familles dont un membre est atteint d'une maladie incurable.

– Je connais Randy, lui affirma Jai. Pour lui, le travail est une drogue. S'il s'attelle à ce discours, plus rien d'autre n'existera.

Cette tâche, ajouta-t-elle, créerait une diversion inutile, me détournerait des problèmes incommensurables que nous devions affronter.

Un autre souci la tourmentait. Pour prononcer mon discours à la date prévue, il me fallait m'envoler pour Pittsburgh un jour auparavant, date de son quarante et unième anniversaire.

– Ce sera mon dernier anniversaire que nous célébrerons ensemble, me dit-elle. Vas-tu vraiment m'abandonner ce jour-là ?

Bien sûr, cela me faisait de la peine. Mais le désir de donner cette conférence était plus fort que tout. J'en étais arrivé à la considérer comme l'aboutissement de ma carrière, un moyen de faire mes adieux à ma « famille de travail ». Je m'imaginais devant mes auditeurs, comme un batteur de base-ball jouant son dernier match. J'avais toujours adoré la scène finale du film *Le Meilleur* où, couvert de sang, Roy Hobbs, interprété par Robert Redford, réussit miraculeusement un fabuleux coup de circuit*.

Le docteur Reiss nous écouta tous les deux. En Jai, elle voyait une femme forte, aimante, qui avait rêvé de bâtir une existence longue et riche avec son mari, de guider ses enfants jusqu'à l'âge adulte. À présent, notre vie allait se réduire aux quelques mois qui me restaient. Le docteur Reiss me considérait comme un homme qui n'était pas encore prêt à se retirer du monde, et certainement pas à s'allonger déjà sur son lit de mort.

– Pour nombre de gens qui me sont chers, cette conférence sera l'ultime occasion de me voir en chair et en os, martelai-je. Elle me donnera la chance de réfléchir vraiment à ce qui m'importe le plus, de laisser aux autres une image de moi conforme à mes aspirations, de leur faire tout le bien possible avant de tirer ma révérence.

Le docteur Reiss nous avait observés plus d'une fois dans son cabinet, étroitement enlacés sur le canapé, les yeux remplis de larmes. Le grand respect qui existait entre nous, notre volonté de vivre pleinement nos derniers moments ensemble l'avaient bouleversée. Mais, déclara-t-elle, il ne lui appartenait pas de peser sur mon choix.

– Vous ne pouvez prendre votre décision que seuls, conclut-elle en nous encourageant à nous écouter l'un l'autre.

Les réticences de Jai me poussèrent à examiner honnêtement mes motivations. Pourquoi ce discours revêtait-il pour moi une telle importance ? S'agissait-il d'un moyen de me rappeler, ainsi qu'à tout le monde, à quel point je me sentais encore vivant ? De me prouver que j'avais toujours la force de me produire en public ? Avais-je réelle-

* Coup spécifique au base-ball.

ment besoin de m'exposer une dernière fois en pleine lumière ? À toutes ces questions, la réponse était « oui ».

– Un lion blessé a envie de savoir s'il est encore capable de rugir, dis-je à Jai. Ce n'est pas une question de vanité, mais de dignité et d'estime de soi.

Il y avait autre chose. Ce discours me permettait de me projeter dans un avenir que je ne verrais jamais. J'insistai auprès de Jai sur l'âge de nos enfants, cinq ans, deux ans et un an.

– À cinq ans, Dylan est assez grand pour conserver quelques souvenirs de son père. Mais lesquels ? Que nous reste-t-il, à toi et à moi, de notre prime enfance ? Dylan se rappellera-t-il des moments où je jouais avec lui, de ce qui nous faisait rire tous les deux ? Et que dire de Logan et de Chloé ? Ils ne se souviendront peut-être de rien. Surtout Chloé. Or, en grandissant, ils éprouveront le besoin lancinant de savoir qui était leur père, à quoi il ressemblait. Ma conférence pourrait les aider à répondre. Je me suis assuré que Carnegie Mellon enregistrerait mon allocution. Je te donnerai un DVD. Quand les enfants seront plus grands, tu pourras le leur montrer. Ainsi, ils comprendront qui j'étais et ce qui comptait pour moi.

Après m'avoir écouté, Jai me posa la question que je redoutais.

– Si tu tiens à leur dire certaines choses ou à leur prodiguer des conseils, pourquoi ne pas le faire devant une caméra vidéo, ici, dans le salon ?

Argument imparable, du moins en apparence. Car comme le lion dans la jungle, je ne me sentais vraiment à ma place que sur un campus, face à mes étudiants.

– J'ai appris une chose, précisai-je. Lorsqu'on veut transmettre un message à ses enfants, une approbation extérieure n'est jamais inutile. Si je parviens à faire rire et applaudir mon auditoire au bon moment, cela ajoutera peut-être du poids à mon propos.

Jai sourit à son bateleur à l'agonie et finit par céder. Je rêvais de laisser un legs aux enfants ? Très bien. S'il fallait que je le fasse par l'intermédiaire de cette conférence, elle ne s'y opposerait plus.

Maintenant que j'avais son feu vert, je devais relever un défi de taille. Comment transformer ce discours académique en un témoignage assez prenant pour toucher encore mes deux fils et ma fille, des années plus tard ?

Il n'était pas question de centrer ma conférence sur mon cancer. En l'occurrence, il ne m'intéressait pas. Je n'avais aucune intention d'évoquer ma réaction face à lui, ou les nouvelles perspectives qu'il m'offrait. Nombre de gens s'attendraient sans doute à une causerie sur la mort. Moi, je ne voulais parler que de la vie.

*
**

– Qu'est-ce qui me rend unique ? m'enquis-je à haute voix auprès de Jai, dans la salle d'attente d'un médecin du centre universitaire de recherches Johns Hopkins, en attendant mon dernier bulletin de santé.

Ce n'était certes pas ma maladie. On diagnostique chaque année chez plus de 37 000 Américains le seul cancer du pancréas.

Je cherchais à toute force à me définir comme professeur, expert en informatique, mari, père, fils, ami, frère, mentor pour mes étudiants. Tous ces rôles m'étaient chers. Mais l'un d'eux faisait-il vraiment de moi un être à part ?

Même si j'ai toujours eu conscience de mes possibilités, ce qui est sain, cette conférence ne devait pas apparaître comme une bravade. L'essentiel tenait en une phrase : « Que suis-je réellement le seul à pouvoir offrir ? ».

Tout d'un coup, dans cette salle d'attente, la vérité me sauta aux yeux. Quelles qu'aient été mes réussites, tout ce que j'aimais découlait de mes rêves d'enfant et de la manière dont j'étais parvenu à les réaliser ; ils m'avaient façonné, avaient déterminé mes quarante-six années d'existence. En dépit du cancer, j'avais eu de la chance, car ils m'avaient porté, stimulé. Et je les avais concrétisés pour la plupart grâce à ce que m'avaient enseigné, tout au long de ma route, des gens extraordinaires. Si je réussissais à raconter mon histoire avec la passion que j'avais mise à la vivre, ma conférence aiderait peut-être les autres à suivre leurs propres rêves.

Rasséréné par cette révélation, j'ouvris mon ordinateur portable, que j'avais avec moi, et tapai à la hâte un courriel à l'intention des organisateurs. J'avais enfin trouvé un titre pour eux.

Mille excuses pour mon retard, écrivis-je.
Appelons mon discours « Comment réaliser pleinement ses rêves d'enfant ».

2
Ma vie dans un ordinateur portable

Comment définir ses rêves de jeunesse ? Comment amener les autres à retrouver les leurs ? Ma formation de scientifique ne m'avait jamais poussé à réfléchir à tout cela.

Je passai quatre jours devant mon ordinateur, dans notre nouvelle maison de Virginie, à scanner des photos pour mettre au point une présentation PowerPoint. Ayant toujours été davantage visuel qu'homme d'écriture, je renonçai à rédiger mon allocution à l'avance. Je rassemblai trois cents portraits de ma famille, de mes étudiants et de mes collègues, sans compter des dizaines d'illustrations susceptibles de donner une idée précise de mes rêves de jadis. Je traçai quelques mots sous certaines diapositives, des conseils, des maximes. Ils me permettraient, une fois devant mon auditoire, de formuler mes pensées.

À peu près toutes les quatre-vingt-dix minutes, j'interrompais mon travail pour dialoguer avec mes enfants. Tout en se réjouissant de me voir m'impliquer dans la vie familiale, Jai pensait toujours que je consacrais trop de temps à mon discours, surtout depuis que nous nous étions installés dans notre nouvelle maison. Elle aurait préféré que je défasse les cartons qui s'entassaient un peu partout.

Elle avait décidé, tout d'abord, de ne pas assister à ma prestation. Elle estimait qu'elle devait rester en Virginie avec les enfants, pour régler les multiples problèmes de notre emménagement. Je ne cessai de lui dire :

– Je te veux là-bas avec moi.

En fait, j'avais désespérément besoin de sa présence. Finalement, elle accepta de partir pour Pittsburgh le matin de la conférence.

Il me fallait m'y rendre vingt-quatre heures à l'avance. À 13 h 30, le 17 septembre, jour des quarante et un ans de Jai, je l'embrassai, ainsi que les enfants, avant de gagner l'aéroport en voiture. La veille, nous avions organisé pour elle une petite réception chez son frère. Cela ne l'avait pas empêchée de regretter que je ne sois pas auprès d'elle pour son anniversaire, ni de songer avec tristesse qu'elle célébrerait sans moi tous ceux qui suivraient.

Mon ami Steve Seabolt, venu de San Francisco, m'attendait à ma descente d'avion. Nous nous sommes liés d'amitié voilà des années, lors de mon année sabbatique chez Electronics Art, le fabricant de jeux vidéo dont il est l'un des dirigeants. Nous nous aimons comme des frères.

Après nous être salués, nous avons loué une voiture. Au cours du trajet vers le centre-ville, nous avons rivalisé d'humour macabre. Steve m'annonça qu'il sortait de chez le dentiste. Je répondis en riant que les problèmes de caries ne me concerneraient bientôt plus.

Nous dînâmes au restaurant. Je posai mon ordinateur sur la table et fis défiler les diapos. Il y en avait 280.

– C'est trop long, me dit Steve. Tout le monde sera mort avant la fin de ta présentation.

La serveuse, une femme enceinte d'une trentaine d'années, les cheveux décolorés, prit notre commande au moment où une photo de mes enfants apparaissait sur l'écran.

– Ils sont mignons ! lança-t-elle avant de me demander leurs noms.

Je répondis :

– Voici Dylan, Logan et Chloé...

Sa fille, m'apprit-elle, se nommait elle aussi Chloé. Cette coïncidence nous fit sourire. Je continuai à dérouler le diaporama devant Steve, qui me donnait son avis sur chaque image.

Lorsque la serveuse revint avec nos plats, je la complimentai sur son état.

– Vous devez être folle de joie.

– Pas vraiment, rétorqua-t-elle en s'en allant. C'était un accident.

Sa franchise me frappa. Sa remarque me rappelait les éléments hasardeux qui président à notre venue au monde... et à notre mort. Cette femme attendait un bébé qu'elle n'avait pas souhaité, mais qu'elle aimerait sûrement. Quant à moi, j'allais laisser derrière moi trois enfants qui grandiraient sans mon amour.

Une heure plus tard, seul dans ma chambre d'hôtel, je continuai à trier les photos de ma présentation, à en supprimer certaines. Mes enfants me hantaient. J'avais besoin de consulter la Toile à la recherche de documents, mais l'accès wi-fi à Internet fonctionnait mal, ce qui m'exaspérait. Pour aggraver les choses, je commençais à ressentir les effets de la chimio que j'avais suivie quelques jours auparavant. J'avais des crampes, des nausées et la diarrhée.

Je travaillai jusqu'à minuit, puis m'endormis. Je me réveillai à 5 heures du matin, dans un état de panique.

Jamais je ne parviendrais à mener cette conférence à bien, à raconter ma vie en une heure !

Je me ressaisis, continuai à remanier ma présentation. Vers 11 heures, j'eus le sentiment d'avoir enfin trouvé un fil conducteur convenable. Je pris une douche et m'habillai. À midi, Jai arriva de l'aéroport et nous rejoignit, Steve et moi, pour le déjeuner. Nous eûmes tous les trois une conversation empreinte de gravité. Steve me promit de prendre soin des miens.

À 13 h 30, le laboratoire d'informatique du campus où j'avais passé la plus grande partie de mon existence fut rebaptisé en mon honneur. On dévoila devant moi, sur la porte, une plaque à mon nom. À 14 h 15, je me retrouvai dans mon bureau, épuisé, de nouveau malade comme un chien, me demandant si j'allais devoir porter sur l'estrade la couche pour adulte que j'avais apportée par précaution. Steve me conseilla de m'allonger un moment sur le canapé, ce que je fis. J'installai mon portable sur mon ventre pour continuer à travailler. Je supprimai soixante autres diapositives.

À 15 h 30, mes premiers auditeurs commencèrent à prendre place dans la salle de conférence. À 16 heures, je me levai du divan et rassemblai mon matériel, avant de traverser à pied le campus en direction de l'amphithéâtre. Dans moins d'une demi-heure, je serais sur l'estrade.

3
L'éléphant dans un magasin de porcelaine

Jai se trouvait déjà dans la salle pleine à craquer lorsque, sous les yeux de quatre cents personnes, je sautai sur l'estrade pour régler la hauteur du pupitre. Ma nervosité ne lui échappa pas. En installant mes accessoires, je ne regardai presque personne. Je ne pouvais me résoudre à me tourner vers l'auditoire, de peur de reconnaître un ami ou un ancien étudiant, ce qui m'aurait bouleversé.

Des murmures montaient de la salle. Ceux qui étaient simplement venus voir à quoi ressemblait un homme en train de mourir d'un cancer du pancréas s'interrogeaient. Mes cheveux étaient-ils vraiment les miens ? (Oui. La chimio ne m'avait pas rendu chauve). Discerneraient-ils, alors que je m'adresserais à eux, à quel point j'étais proche de la mort ? (« Vous verrez bien », avais-je envie de leur dire.)

Jusqu'à la dernière minute, je continuai, imperturbable, à peaufiner ma présentation. Je m'y affairais encore quand on me donna enfin le signal.

– Nous sommes prêts ! s'exclama quelqu'un.

Je ne portais ni costume ni cravate, pas de veste de

tweed aux pièces de cuir sur les coudes. J'avais choisi la tenue la plus juvénile, la plus banale. Au premier abord, je ressemblais à n'importe quel serveur de *fast-food*. J'avais néanmoins tenu à me distinguer. Le logo qui ornait mon polo à manches courtes était celui des Walt Disney Imagineers, les artistes, écrivains et techniciens qui conçoivent les parcs à thème. En 1995, j'avais passé six mois sabbatiques parmi eux. J'avais vécu là un grand moment, digne de mes rêves d'enfant. Voilà pourquoi j'arborais également le badge ovale qu'on m'avait attribué à l'époque et où s'inscrivait fièrement mon prénom, « Randy ». C'était pour moi une façon d'exprimer ma gratitude à mes amis de ce temps-là, ainsi qu'à Walt Disney lui-même et à sa phrase célèbre : « Afin de réaliser une chose extraordinaire, commencez par la rêver. Ensuite, réveillez-vous calmement et allez d'un trait jusqu'au bout de votre rêve sans jamais vous laisser décourager. » Qui peut mieux que Walt Disney insuffler cet esprit ?

Je remerciai mes auditeurs d'être venus, risquai quelques plaisanteries avant de déclarer :

– Au cas où certains d'entre vous seraient là par hasard et ignoreraient de quoi il retourne, je me permettrai de vous citer une phrase de mon père : « Si un éléphant pénètre dans un magasin de porcelaine, présentez-le. » Je vais donc le faire. Vous constaterez, en jetant un œil sur les résultats de ce scanner, que dix tumeurs ont pris possession de mon foie, m'accordant, selon les médecins, six mois de survie. Cela remonte à un mois. Vous pouvez donc faire le calcul.

Je projetai, sur l'écran, une image géante de mon foie, agrémentée de la légende « Un éléphant dans un magasin de porcelaine », et de flèches rouges désignant les tumeurs, interrompant le diaporama pour permettre à mes auditeurs de les compter.

– Voilà la donne. Impossible d'y changer quoi que ce soit. Aucun joueur de poker n'a les moyens de modifier la sienne quand il reçoit ses cartes. Il ne peut que décider de sa mise. Le destin bat les cartes, mais c'est nous qui les jouerons.

Mon malaise s'était dissipé. Je me sentais plein de vigueur, comme le Randy d'autrefois, stimulé par l'excitation et la foule qui m'écoutait. Je savais aussi que j'avais l'air en pleine forme. Cela perturbait peut-être l'idée que se faisaient certains d'un homme sur le point de mourir. Je déclarai donc :

– Si je ne vous parais pas aussi déprimé et morose que prévu, je suis navré de vous décevoir.

L'auditoire éclata de rire.

J'ajoutai :

– Je vous garantis que je ne suis pas en plein déni. J'ai parfaitement conscience de ce qui m'arrive. Mon épouse, mes trois enfants et moi venons de déménager. Nous avons acheté une belle maison en Virginie, pour que ma famille puisse s'y épanouir.

Je projetai une diapo de la maison. Au-dessus de la photo, j'avais inscrit cette légende : « Je ne suis pas dans le déni. »

Je ne mentais pas. Nous avions décidé, Jai et moi, de nous déraciner, de quitter ses amis et l'univers qu'elle aimait, de séparer nos enfants de leurs copains, de changer nos habitudes, alors que nous aurions très bien pu nous blottir à Pittsburgh en attendant ma mort. Nous l'avions fait parce que nous savions qu'après ma disparition elle et nos enfants auraient besoin du soutien, de l'amour de ses proches parents.

Je voulais également apparaître sous mon meilleur jour, ne pas susciter la pitié. Je commençais à me remettre des épuisantes séances de chimiothérapie imposées par mes médecins. On me faisait à présent subir une chimio palliative, beaucoup moins pénible.

– Je suis aujourd'hui, dis-je, dans une forme phénoménale. Même si cela vous semble étrange, je suis en bien meilleure santé que la plupart d'entre vous.

Je marchai en crabe vers le centre de l'estrade. Quelques heures plus tôt, je n'aurais jamais eu la force de faire le numéro que je m'apprêtais à exécuter. Mais en cet instant, je me sentais plein de hardiesse et de force. Je m'allongeai sur le ventre et me mis à faire des pompes.

Les rires et les applaudissements fusèrent, comme si mes auditeurs se libéraient subitement de leur angoisse. L'homme qu'ils voyaient sur l'estrade n'était plus un mourant. C'était moi, tout simplement. Je pouvais commencer.

II

RÉALISER VRAIMENT SES RÊVES D'ENFANT

4

La loterie des parents

J'ai remporté la loterie des parents.

Je suis né avec le ticket gagnant. Telle est la raison principale qui m'a permis de réaliser mes rêves.

Ma mère était un professeur d'anglais de la vieille école, inflexible et sévère. Elle demandait le maximum à ses élèves, sans se soucier des récriminations de leurs parents, qui trouvaient qu'elle attendait trop d'eux. Elle avait pour moi de grandes ambitions, ce qui fut ma chance.

Mon père avait servi, pendant la Seconde Guerre mondiale, dans le service de santé de l'armée américaine. Il avait à ce titre participé à la bataille des Ardennes. Il fonda ensuite une association de bénévoles destinée à enseigner l'anglais aux enfants d'immigrants. Pour gagner sa vie, il mit sur pied à Baltimore une petite compagnie d'assurances automobiles. La plupart de ses clients étaient des gens peu fortunés qui avaient des problèmes de crédit. Il trouvait toujours le moyen de les assurer, de leur permettre de rouler en voiture comme tout le monde. Pour un million de raisons, mon père était mon héros.

J'ai grandi sans soucis, comme un fils de la classe moyenne, à Columbia dans le Maryland. L'argent, chez nous, n'a jamais posé de problème. Il faut dire que mes parents n'étaient pas dépensiers. Ils étaient même économes à l'excès. Nous n'allions au cinéma qu'une ou deux fois par an.

– Regardez la télévision, nous disaient-ils. C'est gratuit. Mieux encore, allez à la bibliothèque. Revenez-en avec un livre.

Alors que j'avais deux ans et ma sœur quatre, ma mère nous emmena au cirque. À neuf ans, je demandai à y retourner.

– C'est inutile, me répondit-elle. Tu es déjà allé au cirque.

Cela peut paraître abusif selon les critères d'aujourd'hui. Et pourtant, j'ai vraiment eu une enfance magique. En se comportant avec une telle rectitude, mes parents m'ont mis le pied à l'étrier d'une façon remarquable.

Nous n'achetions pas grand-chose, mais nous nous intéressions à tout. Cette soif de connaissances venait de la curiosité de mon père, qui se passionnait pour l'actualité, l'histoire, nos vies. En grandissant, j'en vins à penser qu'il existait deux sortes de familles, celles qui ne pouvaient prendre un repas sans un dictionnaire à portée de la main, et celles qui n'en voyaient pas l'utilité.

Nous appartenions à la première. Presque tous les jours, nous terminions la soirée en consultant le dictionnaire, qui trônait sur une étagère à deux mètres de la table.

– Si une question te taraude, me soufflaient mes parents, trouve toi-même la réponse.

Nous ne restions jamais assis dans un coin, à bayer aux corneilles en nous interrogeant sur différents sujets. Nous connaissions un meilleur moyen de nous occuper. « Ouvre l'encyclopédie, ouvre le dictionnaire, ouvre ton esprit ! »

Mon père était un excellent conteur. Il disait toujours qu'une histoire devait être racontée pour une raison précise. Il aimait les anecdotes humoristiques avec une morale.

Il était passé maître dans ce genre de récits et je me suis imprégné de son don. Voilà pourquoi, lorsque ma sœur Tammy regarda ma dernière conférence sur Internet, elle eut l'impression, même si c'était ma bouche qu'elle voyait remuer, ma voix qu'elle entendait, qu'il ne s'agissait pas de moi, mais de lui. Elle savait que j'exprimais, en cet instant, sa propre sagesse. Je ne le nierai pas. En fait, j'avais le sentiment qu'il était là, près de moi sur l'estrade.

Je cite mon père presque tous les jours devant mes interlocuteurs. Pour une raison simple. Quand vous parlez en votre propre nom, les gens, souvent, ne tiennent pas compte de vos propos. Si vous suggérez que vos avis viennent d'une tierce personne, ils paraissent moins arrogants, plus acceptables. Bien sûr, quand on a quelqu'un comme mon père dans sa manche, on ne peut s'empêcher d'y faire référence à tout moment.

Il me donnait des conseils sur ma façon de me comporter dans la vie. Il me disait, par exemple :

– Ne prends jamais une décision avant d'y être obligé. Les grandes décisions ne se prennent pas, mais se forment d'elles-mêmes.

Ou bien :

– Même si tu trouves en position de force, dans ton métier ou dans ta vie privée, ne le montre pas. Être au volant ne t'autorise pas à écraser les autres.

Récemment, je me suis surpris à le citer alors que ce que j'affirmais ne venait pas de lui. Toutefois, mon point de vue aurait très bien pu être le sien. Car à mes yeux il savait tout.

Ma mère, elle aussi, savait beaucoup de choses. Elle s'est toujours efforcée de m'empêcher de devenir prétentieux. Aujourd'hui encore, si quelqu'un lui demande quel enfant j'étais, elle me décrit comme « vif, mais peu précoce ». Nous vivons une époque où les parents considèrent leurs rejetons comme des génies. Ma mère n'est jamais tombée dans ce travers. Pour elle, « vif » est un compliment bien suffisant.

Lorsque je préparais mon doctorat de science, je choisis comme sujet : « Qualification de la théorie ». Je jure que ce fut, après la chimiothérapie, la pire torture de ma vie. Découragé, je m'en ouvris à ma mère, me plaignant de l'épouvantable aridité de ce travail. Elle tapota gentiment mon bras et murmura :

– Nous savons ce que tu ressens, mon chéri. Souviens-toi quand même de ceci, à ton âge ton père combattait les Allemands.

Quand j'eus obtenu mon doctorat, elle prit un malin plaisir à me présenter aux gens par cette formule :

– Voici mon fils. Il est docteur, mais il ne soigne personne.

Mes parents, eux, savaient ce que signifiait s'occuper des autres. Ils élaboraient toujours de grands projets, loin des sentiers battus, et s'y impliquaient corps et âme. Ils ont par exemple financé un foyer de cinquante places en Thaïlande, pour aider des jeunes filles à continuer à se scolariser et échapper ainsi à la prostitution.

La charité a toujours été, pour ma mère, la plus belle des valeurs. Quant à mon père, il aurait été prêt à donner tout ce qu'il possédait et à vivre dans un taudis, abandonnant la confortable maison de banlieue où il nous élevait. Je le considère, en ce sens, comme le chrétien le plus authentique que j'aie rencontré. Il avait également des idées sociales très avancées. À l'inverse de ma mère, il n'éprouvait aucune attirance pour les religions officielles (nous étions presbytériens). Il s'intéressait davantage aux grands idéaux. Pour lui, l'égalité était le but suprême. Il croyait en l'évolution de la société vers plus de justice. Et même si ses espoirs furent souvent déçus, il n'en resta pas moins d'un incorrigible optimisme.

À quatre-vingt-trois ans, il fut atteint de leucémie. Se sachant condamné, il fit don de son corps à la science et versa une somme importante pour assurer, pendant au moins six ans, la poursuite de son programme en Thaïlande.

Nombre de personnes qui ont assisté à mon dernier discours ont été frappés par l'une des photos que j'ai projetées sur l'écran. En pyjama, appuyé sur un coude, j'ai vraiment l'air d'un enfant possédé par ses rêves.

La traverse de bois qui, au premier plan, dissimule une partie de mon torse est celle de mon lit. Un lit superposé que mon père, excellent charpentier, construisit de ses mains. Le sourire sur ce visage enfantin, la traverse de bois, le regard émerveillé... cette photo me rappelle que j'ai gagné à la loterie des parents.

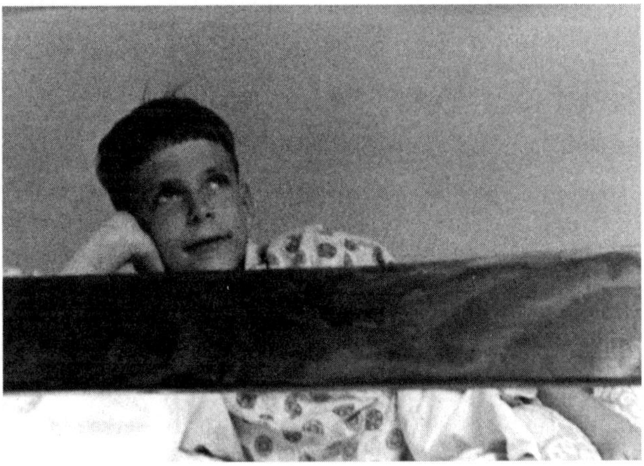

Même s'ils bénéficieront de la présence d'une mère aimante qui, j'en suis persuadé, les guidera de façon brillante jusqu'à l'âge adulte, mes enfants ne pourront pas compter sur celle de leur père. Je l'ai accepté, mais j'en souffre.

J'aimerais croire que mon père aurait approuvé ma conduite au cours de ces derniers mois de ma vie. Il m'aurait conseillé de tout mettre en ordre pour Jai et de passer le plus de temps possible avec mes fils et ma fille, ce que je fais. Je suis persuadé qu'il aurait approuvé les raisons de mon déménagement en Virginie.

Je crois aussi qu'il m'aurait rappelé que les jeunes enfants ont, plus que tout, besoin de savoir que leurs parents les aiment. Et leurs parents, eux, n'ont pas besoin d'être vivants pour cela. L'amour des parents pour leur progéniture survit toujours à leur disparition.

5
L'ascenseur dans la maison sans étage

Mon imagination bouillonnait sans cesse. Alors que j'étais encore au lycée, j'éprouvai un jour le besoin impérieux d'écrire sur les murs de ma chambre quelques-unes des pensées qui tournaient dans ma tête.

J'en demandai l'autorisation à mes parents.

– Je voudrais peindre des choses sur le mur, leur dis-je.

– Quel genre de choses ?

– Des trucs qui me paraissent importants. Vous verrez, cela vous amusera.

Cette explication suffit à mon père. C'est ce qui était merveilleux chez lui. Il encourageait notre créativité d'un simple sourire. Il aimait voir l'étincelle de notre enthousiasme se transformer en feu d'artifice. Il comprit très bien mon désir de m'exprimer de façon peu conventionnelle. L'idée de ces peintures murales lui sembla excellente.

Ma mère se montra moins séduite. Mais elle capitula rapidement devant mon excitation. De toute façon, elle savait que mon père l'emportait toujours. Voilà pourquoi elle céda, même de mauvaise grâce.

Pendant deux jours, avec l'aide ma sœur Tammy et de mon ami Jack Sheriff, je décorai au pinceau les murs de ma chambre. Dans le salon, mon père attendait patiemment de pouvoir admirer notre œuvre en lisant le journal. Ma mère arpentait nerveusement le vestibule. Elle essaya plusieurs fois de venir voir ce que nous faisions. Mais la porte de la chambre restait barricadée, avec la mention « Entrée interdite ».

Qu'étions-nous en train de barbouiller ?

Raffolant des maths, je voulais d'abord tracer une équation du second degré sur le mur. Tout près de la porte, à droite en entrant, j'écrivis donc, à la peinture noire :

$$\frac{-b \pm \sqrt{b^2-4ac}}{2a}$$

Jack et moi avons ensuite peint une grande porte d'ascenseur couleur argent. À sa gauche, nous avons dessiné les boutons « Montée », puis « Descente ». Au-dessus de l'ascenseur lui-même, nous avons installé un panneau comportant les chiffres des étages, jusqu'à 6. Le 3 était illuminé. Or, nous habitions une maison dotée d'un simple rez-de-chaussée. Imaginer qu'elle avait six étages relevait donc de la pure fantaisie. Toutefois, avec le recul, pourquoi ne suis-je pas allé jusqu'à quatre-vingts, ou quatre-vingt-dix ? Si j'étais un rêveur aussi impénitent, pourquoi mon ascenseur s'arrêtait-il au troisième ? Je l'ignore. Cela symbolisait peut-être l'équilibre que je tenais à maintenir entre l'imaginaire et le réel.

Mes dispositions artistiques étant limitées, je me contentai de réduire mes dessins à des formes géométriques de base. Je peignis un navire lance-missiles élémentaire, avec des ailerons. Je peignis aussi le miroir magique de la marâtre de Blanche-Neige, orné de la légende : « Tu te souviens quand je te disais que tu étais la plus belle ? Je mentais. »

Jack et moi avions écrit au plafond : « Je suis prisonnier dans le grenier ! ». Nous avons tracé les lettres à l'envers, comme si nous avions enfermé là-haut quelqu'un qui essayait désespérément de lancer un SOS.

Parce que j'adorais ce jeu, Tammy, la seule de nous trois à avoir du talent, peignit des pièces d'échec pendant que je dessinais un sous-marin tapi au fond de l'eau, derrière mon lit. J'ajoutai un périscope guettant les vaisseaux ennemis.

J'ai toujours aimé l'histoire de la boîte de Pandore. Tammy et moi avons donc plaqué sur le mur notre version de cette légende. Dans la mythologie grecque, Pandore reçoit une jarre contenant tous les maux de l'humanité, avec injonction de ne pas l'ouvrir. Bien sûr, elle désobéit. Dès qu'elle soulève le couvercle, tous les fléaux inventés par les dieux s'en échappent pour se répandre sur le monde. Mais la fin optimiste du mythe m'avait toujours plu. Au fond de la jarre subsiste l'espérance, qui consolera l'humanité de ses malheurs. Au fond de ma boîte de Pandore, j'écrivis donc le mot « Espoir ».

Rappelez-vous, nous étions à la fin des années soixante-dix. Je parachevai donc notre œuvre en étalant au-dessus de ma porte le slogan des ennemis de la musique disco, très virulents à l'époque : « Le Disco pue ! » Ma mère trouva cela vulgaire. Un jour, profitant de mon inattention, elle recouvrit tranquillement de peinture le mot « pue ». Ce fut sa seule intervention.

Aucun des copains à qui je fis ensuite visiter mon antre ne cacha son étonnement.

– Jamais je n'aurais cru que tes parents t'autoriseraient à faire ça, me dirent-ils.

En dépit de ses réticences, ma mère ne chercha jamais à effacer ces peintures, même des années après mon départ de la maison. Bien au contraire. Ma chambre devint une sorte de musée qu'elle faisait découvrir à ses amis. Les gens riaient. Ils admiraient son ouverture d'esprit, qui m'avait permis de me défouler.

S'il se trouve parmi vous des parents dont les enfants souhaitent peindre leur chambre, accordez-moi une faveur : laissez-les agir à leur guise. Tout se passera bien. Ne vous souciez pas de l'influence que cela aura sur le prix de votre maison. L'essentiel de l'éducation, c'est l'éveil de l'imagination.

Je ne sais combien de fois j'aurai encore l'occasion de revoir la maison de mon enfance. Mais chaque visite est pour moi un cadeau. Je dors encore dans le lit superposé fabriqué par mon père, je contemple ces murs peinturlurés, je pense à mes parents qui m'ont donné carte blanche. Et je m'endors, ébloui et heureux. Il reste toujours quelque chose de l'enfance, toujours...

6
Pesanteur zéro

Il est important d'avoir des rêves bien précis.

Lorsque j'étais à l'école primaire, de nombreux gamins rêvaient de devenir astronautes. Je savais que la NASA ne m'accepterait jamais. J'avais entendu dire que les astronautes ne devaient en aucun cas porter des lunettes. Cela ne me dérangeait pas. Je n'avais aucune envie de me lancer dans ce métier. Je voulais simplement flotter.

Pour familiariser les astronautes avec l'absence de gravité, la NASA utilise un avion spécial, que tout le monde surnomme *The Vomit Comet,* « la Comète vomitive ». Soucieuse de gommer les aspects les plus pénibles de l'entraînement des futurs cosmonautes, la NASA, elle, préfère l'appeler *The Weightless Wonder*, « la Merveille en apesanteur ».

Quel que soit le nom qu'on lui donne, cet avion est un chef-d'œuvre de technologie. Il suit des arcs paraboliques et au sommet de chaque arc on se retrouve pendant vingt-cinq secondes dans un état identique à celui de l'apesanteur. Quand l'avion plonge, on a l'impression d'être sur des montagnes russes en folie, mais on est en suspension et on flotte.

Mon rêve devint réalisable quand j'appris que la NASA avait mis au point un programme permettant aux étudiants de diverses universités de lui soumettre des propositions relatives aux expériences menées dans cet avion. En 2001, mes étudiants de Carnegie Mellon proposèrent un projet basé sur la réalité virtuelle.

Se trouver en état d'apesanteur est une sensation difficilement supportable pour de malheureux humains habitués au plancher des vaches. L'oreille interne, qui contrôle notre équilibre, n'est plus synchronisée avec notre vue. Il en résulte parfois des nausées. Des répétitions au sol, grâce à la réalité virtuelle, n'atténueraient-elles pas ces inconvénients ? Telle était notre suggestion. Elle fut retenue. Le centre d'expérimentation spatiale de Houston nous invita à effectuer un vol sur l'avion.

J'étais sans doute mille fois plus excité que mes étudiants. Flotter ! Mais à la dernière minute, je reçus une mauvaise nouvelle : la NASA n'autorisait pas les directeurs d'études à accompagner leurs élèves.

Cela me brisa le cœur. Pourtant, je refusai de me laisser abattre. Je dénicherais bien une faille dans le mur. Je relus attentivement tout ce qui concernait le programme, à la recherche d'une lacune. Et j'en trouvai une. Toujours avide de publicité, la NASA permettait à un journaliste exerçant dans la ville d'origine des étudiants de se mêler à eux.

Je téléphonai à un administrateur de la NASA, pour lui demander son numéro de fax.

– Que comptez-vous nous faxer ? s'enquit-il.

Je lui répondis que je venais de démissionner de l'université pour devenir journaliste.

– J'accompagnerai mes étudiants en tant que représentant des médias.

– N'est-ce pas un peu gros ? ironisa-t-il.

Je voulais simplement flotter.

– Je vous l'accorde, répondis-je.

Je lui promis alors de diffuser le récit de notre expérience sur notre site Internet et d'en envoyer des images à des journalistes connus. Tout le monde y trouverait son compte. L'administrateur me donna son numéro de fax.

On peut tirer de cet épisode une leçon simple : ayez quelque chose à mettre sur la table, on vous accueillera d'autant mieux.

Mon expérience de l'apesanteur fut mémorable. Rassurez-vous, je ne vomis pas. Je fus quand même un peu secoué. Car à la fin de ces vingt-cinq secondes magiques, lorsque la gravité revient dans l'avion, cela équivaut pour vous à peser deux fois votre poids. Vous pouvez atterrir sans ménagements sur le plancher. Voilà pourquoi on nous répétait sans arrêt :

– Les pieds vers le bas !

J'avais quand même réussi à monter dans cet avion, presque quarante ans après avoir rêvé de flotter. Cela prouve que si vous parvenez à trouver une ouverture, vous arriverez à vous y engouffrer. En persévérant, on arrive à tout.

7

Je ne suis jamais devenu champion de football

J'adore le football américain. J'ai commencé à y jouer à neuf ans. Ce sport m'a fortifié, m'a aidé à me construire. Même si je ne suis pas devenu membre de l'équipe nationale, il m'arrive parfois de penser que la poursuite de ce rêve qui ne s'est pas réalisé m'a apporté davantage que ceux que j'ai concrétisés.

Mon idylle avec le football commença le jour où mon père me tira, pleurant et tapant du pied, jusqu'au club où il voulait m'inscrire. Cette perspective me pétrifiait. J'étais petit, craintif, malingre. Ma frayeur se transforma en effroi à la vue de mon entraîneur, Jim Graham, un colosse de près de deux mètres. Ancien capitaine de la défense des Penn State Nittany Lions, la célèbre équipe de l'université de Pennsylvanie, c'était un joueur de la vieille école, rigide, impitoyable, terrifiant.

Le premier jour d'entraînement, nous tremblions tous comme des feuilles. Pour corser le tout, Jim Graham n'avait pas apporté de ballon. Un des gamins osa enfin lever le doigt, en notre nom à tous.

– Excusez-moi, m'sieur. Y a pas d' ballon.

L'entraîneur répondit :

– Nous n'en avons pas besoin.

Silence. Graham ajouta :

– Combien d'hommes se pressent au même moment sur un terrain de football ?

Nous répondîmes en choeur :

– Onze par équipe, soit vingt-deux.

– Et combien touchent le ballon en même temps ?

– Un seul.

– Parfait ! Nous allons donc nous concentrer sur ce que font les vingt et un autres.

Les principes de base. Tel fut le message fondamental que Jim Graham nous délivra ce jour-là. Les principes de base avant tout. Devenu professeur d'université, j'ai eu maintes fois l'occasion de constater que de nombreux jeunes gens ignorent ce précepte, toujours à leur détriment. Il leur faut d'abord acquérir les principes de base. Sinon, leur travail ne leur procurera aucun bénéfice.

*
**

Jim Graham ne m'a pas ménagé. Ses cris résonnent encore à mes oreilles.

– Tu fais tout de travers, Pausch ! Recommence !

J'essayais de lui obéir. Cela ne suffisait jamais.

– Nul, Pausch ! Tu feras des pompes après l'entraînement !

Quand il finit par m'exclure du terrain, un de ses adjoints vint me réconforter.

– Il n'y va pas avec le dos de la cuillère, hein ?

Je ne pus que bredouiller un « non » à peine audible.

– C'est pour ton bien, conclut l'adjoint. Quand tu agis n'importe comment et que personne ne te dit plus rien, cela signifie qu'on ne croit plus en toi.

Cette leçon m'a accompagné tout au long de ma vie. Quand nul ne prend plus la peine de vous signaler vos erreurs, c'est que vous ne comptez plus. Même si vous refusez de les entendre, ceux qui vous critiquent sont souvent ceux qui vous aiment le plus et ne souhaitent qu'une chose, que vous vous amélioriez.

On prêche beaucoup, de nos jours, la nécessité de donner aux enfants l'estime de soi. Mais ce n'est pas quelque chose que l'on donne, c'est quelque chose que l'on doit conquérir. Jim Graham avait la poigne rude. L'estime de soi ? Pour lui, il n'existait qu'une façon d'apprendre aux enfants à l'acquérir : leur fixer un but apparemment inaccessible, mais qu'ils feraient tout pour atteindre. Et ensuite, leur en fixer un autre. Un athlète ne peut arriver en compétition très motivé s'il n'a jamais été mis à l'épreuve.

Voilà ce que m'a appris Jim Graham. Il a fait comprendre à la mauviette que j'étais qu'en dépit de ma faiblesse physique et de mon absence de dispositions, je pouvais à force de travail réussir demain ce que je ne pouvais réussir le jour même. Résultat, aujourd'hui, à quarante-sept ans, je serais capable d'exécuter devant vos yeux une passe avant que m'envierait n'importe quel champion.

De nos jours, j'en suis persuadé, Jim Graham serait exclu de tous les clubs sportifs réservés aux jeunes. Il se montrerait trop dur et les parents se plaindraient.

Je me souviens d'un match où nous jouions comme des pieds. À la mi-temps, nous avions si soif que nous en avons presque renversé le seau d'eau. Graham devint blême.

– Nom de Dieu ! C'est la première fois que je vous vois courir aussi vite depuis le début de la rencontre !

Nous avions onze ans. Nous étions là, claquant des

dents, attendant qu'il nous saisisse un par un et nous brise les reins.

– De l'eau ? aboya-t-il. Vous voulez de l'eau ?

Il souleva le seau et renversa son contenu par terre.

Nous l'avons regardé s'éloigner. Nous l'avons entendu grommeler à l'un de ses adjoints :

– Donne à boire aux défenseurs. Ils ont bien joué.

Que ce soit bien clair, notre entraîneur n'aurait jamais mis en danger un enfant. Bien au contraire, s'il s'était montré aussi dur, c'est parce qu'il savait que cela réduisait les risques. Ce jour-là, il faisait froid. Nous avions déjà eu l'occasion de boire pendant la première partie de jeu. Nous nous étions précipités vers le seau comme des gosses inconscients. Mais nous n'avions pas vraiment besoin de nous réhydrater.

Et pourtant... Si ce genre d'incident se produisait aujourd'hui, les parents appelleraient sur leur téléphone mobile le directeur du club ou peut-être leur avocat.

Que tant d'enfants soient ainsi dorlotés de nos jours m'attriste. Je me souviendrai toujours de ce que j'ai éprouvé lors de cette engueulade mémorable. Oui, je crevais de soif. Mais plus encore je me sentais humilié. Tous, nous avions déçu notre entraîneur et il nous le faisait savoir d'une manière que nous n'oublierions jamais. Il avait raison. Nous avions montré plus d'énergie en nous précipitant vers le seau que pendant ce maudit match. Sa colère porta ses fruits. Au cours de la seconde mi-temps, nous avons fait merveille.

Je n'ai pas revu Jim Graham depuis mon adolescence, mais son influence reste vivace au fond de moi. Alors que j'étais prêt à renoncer, il m'a forcé à devenir meilleur. Et il m'a armé pour la vie. Il ne faut renoncer à rien pour ne pas vieillir...

*
**

Si nous poussons nos enfants à faire du sport, du football, de la natation ou toute autre activité physique, ce n'est pas pour qu'ils en apprennent les règles.

Ce que nous souhaitons leur enseigner est bien plus important : l'esprit d'équipe, l'obstination, la camaraderie, la valeur de l'effort, la résistance à l'adversité. Et la vigilance.

Sur un terrain de football, un joueur tourne la tête d'un côté pour faire croire à ses adversaires qu'il va bondir dans cette direction. Et puis il part dans l'autre sens, comme un illusionniste détournant l'attention de son public. Jim Graham nous apprit à surveiller la taille du joueur.

– Observez le mouvement de son bassin. C'est dans cette direction qu'il va courir.

Ainsi devons-nous concevoir l'enseignement. Ce que nous souhaitons réellement apprendre à nos enfants et à nos étudiants, il nous faut le leur inculquer sans qu'ils s'en aperçoivent, sans éveiller leur méfiance. Dans ce domaine, l'entraîneur Jim Graham était un maître.

8
Mon nom à la lettre R

Je vis à l'âge de l'informatique, révolution aussi capitale que l'invention de l'imprimerie, qui a changé le cours de l'Histoire il y a plus de cinq siècles. Voilà des années que les pixels, les écrans multiples et l'autoroute de l'information constituent mon quotidien. Ils me sont aussi familiers que l'air que je respire. Je me contenterais très bien d'un univers où le papier n'existerait plus.

Pourtant, c'est dans ce monde ancien que j'ai grandi.

Au moment de ma naissance, en 1960, le livre régnait sans partage. La culture ne passait que par lui. Chez nous, tout au long des années soixante et soixante-dix, nous avions une seule référence, le *World Book,* encyclopédie dans laquelle nous trouvions tout : photos, cartes, drapeaux des différents pays, statistiques, histoire, géographie, sciences. Tout ce que l'humanité avait engrangé.

Cette encyclopédie, je ne me lassais pas de la parcourir. Je m'émerveillais de la somme de savoir qu'elle renfermait, du nombre incalculable de spécialistes qui y avaient participé. Comment avait-on découvert l'existence du zoologue passionné par l'oryctérope, ce mammifère étrange dévoreur de termites ? Ou celle de l'expert mondial qui avait rédigé l'article sur les Zoulous ? Était-il lui-même zoulou ? S'agissait-il d'une femme ? D'une femme zoulou ?

À l'inverse de la plupart des Américains, nos parents n'avaient que faire de la frime, de l'accessoire, de l'inutile. Ils étaient, comme on dit, « près de leurs sous ». Pourtant, ils n'hésitèrent pas à nous offrir, à ma sœur et moi, tous les volumes de l'encyclopédie, ce qui représentait pour eux une énorme dépense. Ils tinrent également à en acquérir les suppléments annuels, cahiers qu'ils me chargèrent d'insérer dans l'édition originale. Je pus ainsi prendre conscience de l'extraordinaire rapidité de l'évolution des connaissances, de la nécessité de les transcrire pour les générations futures. Et je me mis à rêver : « Un jour, moi aussi j'écrirai un article dans cette encyclopédie. Moi aussi, j'apporterai ma pierre à l'édifice. »

Mais ce n'est pas si simple. Il ne suffit pas d'appeler les éditeurs du *World Book* à Chicago pour leur proposer vos services. Il faut qu'ils sachent qui vous êtes et s'adressent à vous.

Croyez-le si vous voulez, mais c'est ce qui s'est produit il y a quelques années. Ma carrière commençait à prendre tournure. Toutefois, je n'étais pas encore devenu dans mon domaine, la réalité virtuelle, une sommité inaccessible. Je correspondais donc exactement au profil recherché par les éditeurs : reconnu, mais pas assez célèbre pour les traiter par le mépris.

– Accepteriez-vous de rédiger la nouvelle version de notre article sur la réalité virtuelle ? me demandèrent-ils.

Je n'osai leur avouer que j'en rêvais depuis mon plus jeune âge. Je leur répondis simplement :

– Oui, bien sûr.

J'ai pondu cet article. Personne ne le modifia ni ne le corrigea. Les responsables du *World Book* font entièrement confiance à ceux à qui ils s'adressent. Même si, aujourd'hui, les encyclopédies en ligne comme Wikipédia offrent à ceux qui les consultent une source d'informations fiable, je reste fier de ma contribution, si modeste soit-elle, à la culture du livre. Et lorsque j'emmène mes enfants dans une bibliothèque, je ne puis résister à l'envie d'ouvrir l'encyclopédie à la lettre R, de leur montrer l'article « Réalité virtuelle » et de leur dire : « C'est votre père qui a écrit cela. »

9
L'étoffe d'un chef

Comme des milliers de petits Américains nés dans les années soixante, je me suis identifié au capitaine James T. Kirk, commandant du vaisseau spatial *Enterprise*, personnage central de la série télévisée *Star Trek,* qui a fasciné les téléspectateurs du monde entier.

Pour de nombreux gamins passionnés par la science, aucun héros ne remplacera jamais cette figure. Elle exerça sur moi une influence considérable, me permit de devenir un professeur plus compétent, un collègue plus attentionné, peut-être même un meilleur mari.

Kirk avait pourtant, pour le seconder, des hommes plus intelligents et plus compétents que lui. Son adjoint, M. Spock, était le cerveau du groupe. Le Dr McCoy possédait toute la science médicale à laquelle était parvenue l'humanité en 2260. Le lieutenant Scott menait le vaisseau de main de maître, sans la moindre défaillance, même lorsqu'il était attaqué par des extraterrestres.

Dès lors, quelles qualités différenciaient Kirk des autres membres de l'équipage ? Pourquoi avait-il obtenu le commandement de l'*Enterprise ?*

En raison de son caractère, de son aptitude à diriger les hommes.

J'ai énormément appris en le regardant agir. Pour moi, il incarnait le chef, celui qui galvanise, qui inspire, mais sait également déléguer, répartir les tâches. Il n'était pas arrogant, ne se prétendait jamais supérieur à ses subordonnés. Il reconnaissait leur compétence, n'interférait pas dans leur domaine, ne contestait ni leurs idées ni leurs initiatives. Mais il leur insufflait l'impulsion nécessaire, assumait le sens de leur mission. Bref, il avait un rôle moral. Pour couronner le tout, son charme faisait des ravages auprès des femmes, dans toutes les galaxies qu'il visitait. Pour moi, c'était un dieu.

En plus, il avait des gadgets extraordinaires, des jouets fabuleux à faire pâlir d'envie tous les enfants du monde. Je m'émerveillais de le voir, sur une planète, communiquer avec le vaisseau grâce à un petit appareil spécial. Aujourd'hui, j'ai le même dans ma poche. Qui se souvient que le premier téléphone cellulaire, pure imagination à l'époque, fut utilisé par Kirk ?

J'ai reçu il y a quelques années, et précisément sur mon cellulaire, un appel d'un écrivain de Pittsburgh, Chip Walter. Il écrivait, avec William Shatner, *alias* le capitaine Kirk, un livre sur toutes les avancées technologiques qui, imaginées par les scénaristes de *Star Trek*, font aujourd'hui partie de notre quotidien. Le capitaine Kirk souhaitait visiter mon laboratoire de réalité virtuelle, à Carnegie Mellon.

Non seulement j'allais voir le héros de ma jeunesse en chair et en os, mais j'allais lui montrer mes réalisations, le fruit de mon travail ! J'en sautai de joie.

Nous avons travaillé d'arrache-pied, mes étudiants et moi, à fabriquer un environnement virtuel en tout point semblable à l'*Enterprise*. Lorsque Shatner est arrivé, nous lui avons mis sur la tête un visiocasque doté d'un écran. En remuant la tête, il pouvait s'immerger dans des images à 360 degrés de son ancien vaisseau. À sa grande surprise, tout y était, jusqu'aux plates-formes de téléportation et aux sirènes d'alerte. Ravi, il s'écria :

– Nous sommes attaqués !

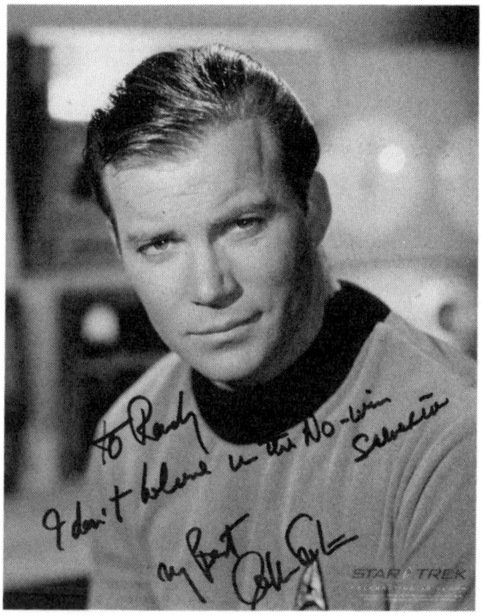

Il resta trois heures en notre compagnie, posa d'innombrables questions. Sa curiosité et sa modestie m'impressionnèrent. Il connaissait ses limites et n'éprouvait aucune gêne à avouer son ignorance. Il refusa de partir avant d'avoir tout compris, ce qui me parut héroïque. Si tous mes étudiants pouvaient avoir la même humilité...

Le jour où l'on m'annonça, au cours de mon traitement, que seuls quatre pour cent des malades atteints d'un cancer du pancréas survivaient cinq ans, une scène de *Star Trek* me revint en mémoire. Dans cet épisode, des cadets de la « Flotte des étoiles » sont soumis, lors d'un entraînement, à un scénario catastrophe : quoi qu'ils fassent, l'équipage entier va être anéanti. On découvre alors que lorsqu'il était lui-même un cadet, Kirk avait modifié la simulation en affirmant : « Je ne crois pas aux combats perdus d'avance. »

Mes collègues universitaires se sont souvent gaussés de ma passion pour *Star Trek*. Ils avaient tort. Les valeurs véhiculées par cette série culte ont toujours coïncidé avec les miennes. Et elles m'ont toujours apporté du réconfort.

Après avoir appris ma maladie, Shatner m'a envoyé sa photo en capitaine Kirk, avec cette dédicace :

« Je ne crois pas aux combats perdus d'avance. »

10
Le gros lot

Aussi naïf que cela puisse paraître, un de mes premiers rêves d'enfant a été de briller dans les parcs d'attraction ou les fêtes foraines, de passer pour le gars le plus décontracté de la foire. Et je savais comment il fallait s'y prendre.

Le type le plus *cool* était facile à repérer. C'était celui qui déambulait au milieu de la foule avec le plus gros animal en peluche sur les épaules. Quand j'étais gosse, j'en ai suivi des dizaines, la tête et le buste dissimulés par ces ours ou ces lions qu'ils avaient gagnés au tir ou au lancer d'anneaux. Qu'ils fussent des Adonis aux muscles d'acier ou de pitoyables gringalets importait peu. Leur animal en peluche leur conférait un prestige inouï, les hissait au-dessus de la mêlée.

Mon père, qui était pourtant un homme sérieux, partageait cette croyance. Sur la grande roue, il se sentait nu s'il n'avait pas une énorme girafe ou un singe géant sur les genoux. Entre nous, cela devint un jeu, un défi. Qui, de lui ou de moi, gagnerait dans les kermesses la plus grosse peluche ?

Avez-vous déjà longé les baraques d'une fête foraine avec une peluche géante ? Avez-vous savouré les regards envieux des gens qui vous croisaient ? Avez-vous tenté de séduire une femme en lui en offrant une ? Moi, je l'ai fait. Et je l'ai épousée !

Ces géants en peluche ont joué, depuis le début, un rôle capital dans mon existence. Un jour, dans un magasin de jouets, alors que j'avais trois ans et que ma sœur en avait cinq, mon père nous dit :

– Choisissez la peluche que vous voulez, à condition de vous la partager.

Nous avons examiné les rayons. Enfin, ma sœur s'est exclamée, en désignant un lapin d'un mètre de haut :

– Celui-là !

Bien sûr, c'était le plus cher du magasin. Mais mon père était un homme de parole. Il acheta donc le lapin. Nous avions déjà chez nous tellement d'animaux en peluche qu'un de plus y trouverait forcément sa place.

Ma passion pour ces jouets ne se démentit pas. J'en rapportai tellement à la maison que mon père me soupçonna de les racheter à des lauréats du tir à la carabine ou du lancer d'anneaux qui n'en avaient que faire, à des gagnants indifférents que ces trophées ne flattaient pas mais encombraient.

Pour une fois, il avait tort.

Je n'ai jamais payé pour un animal en peluche.

Et je n'ai jamais triché pour en gagner un.

Bien sûr, je l'avoue, au lancer d'anneaux, je me suis penché alors qu'il faut rester droit. Était-ce vraiment de la triche ?

En tout cas, j'en ai gagné beaucoup sans que ma famille le sache, ce qui n'a fait que renforcer ses soupçons. Toutefois, je refusais d'impliquer les miens dans cette frénésie. Je ne voulais pas qu'ils assistent à mes tentatives. Je ne voulais pas non plus qu'ils découvrent le temps qu'il me fallait pour décrocher enfin le gros lot. La ténacité est une vertu. Mais elle doit rester cachée.

Avez-vous déjà arpenté les allées d'une fête foraine avec une peluche géante sur les épaules ?

Je peux à présent révéler mon secret : pour gagner une peluche géante, il suffit d'avoir le bras long et suffisamment de monnaie dans sa poche. Grâce à Dieu, j'ai eu les deux tout au long de ma vie.

Je n'ai pu m'empêcher, pendant mon « Dernier discours », d'évoquer ces peluches géantes. Et j'ai projeté leurs photos sur l'écran. Je savais ce que grommelleraient les ricaneurs : « C'est du bidon, un montage. Ou alors, il s'est fait photographier par ceux qui les avaient vraiment gagnées. Il les leur a empruntées le temps d'un cliché. »

Comment, alors que notre époque baigne en plein cynisme, convaincre mon auditoire que je disais la vérité ? Une seule solution, aligner ces peluches sur l'estrade. Et demander à mes étudiants de venir en choisir une chacun.

Ces trophées, je n'en avais plus besoin. Même si ma femme avait adoré l'ours que j'avais pendu dans son bureau quand je la courtisais, elle refusait, trois enfants plus tard, qu'ils envahissent notre nouvelle maison. D'autant qu'ils présentaient un danger pour Chloé, qui risquait d'avaler leurs grains de polystyrène.

Un jour, Jai appellerait une organisation charitable et déclarerait :

– Débarrassez-moi de ça !

Ou, pis encore, elle n'oserait rien dire.

Dès lors, pourquoi ne pas en faire cadeau à des amis ?

Voilà pourquoi je les fis aligner sur l'estrade, avant de clamer :

– Quiconque désirera conserver une part de moi à la fin de ma conférence pourra emporter la peluche qui lui plaira. Premier arrivé, premier servi.

Toutes trouvèrent preneur. Quelques jours plus tard, j'appris qu'une de mes étudiantes, atteinte elle aussi d'un cancer, avait choisi l'éléphant. L'éléphant dans le magasin de porcelaine.

Cela me rassura.

Quoi qu'il arrive, il y a toujours quelqu'un.

Nous ne sommes pas seuls, nous ne le serons jamais.

11
Le pays des merveilles

En 1969, à huit ans, je fis en compagnie de toute ma famille un grand voyage en voiture jusqu'à Disneyland, à l'autre bout des États-Unis. Ce fut une véritable équipée. Une fois là-bas, j'oubliai tout. Mêlé aux autres enfants, fasciné par le monde extravagant qui m'entourait, je ne savais plus où donner de la tête, ni des yeux. Et je ne cessai de répéter : « J'ai hâte de pouvoir, moi aussi, réaliser de telles merveilles ! ».

Vingt ans plus tard, j'obtins mon doctorat d'informatique à Carnegie Mellon. Persuadé que ce diplôme m'ouvrirait toutes les portes, j'expédiai fébrilement une lettre de candidature à Walt Disney Imagineering. On me répondit par la fin de non-recevoir la plus aimable que j'aie jamais reçue : « En dépit de l'intérêt qu'a suscité votre curriculum, nous vous informons avec regret que n'avons aucun poste correspondant à vos qualifications. »

Rien ? Disney, qui employait des milliers de personnes, n'avait rien pour moi ? Pas même un emploi de balayeur ?

Le choc fut rude. Je ne renonçai pas pour autant, du moins pas définitivement. Les obstacles qui se dressent sur notre chemin ont un rôle bien précis. Ils ne sont pas là pour nous barrer la route, mais au contraire pour nous inciter à prouver la force de notre désir.

Une nouvelle occasion se présenta en 1995. Devenu professeur à Carnegie Mellon, je participais à l'élaboration d'un système que nous avions baptisé « La réalité virtuelle pour cinq dollars par jour ». Alors que la plupart des experts du monde virtuel demandaient des subventions énormes pour lancer leurs projets, nous avons réalisé le nôtre avec un budget famélique, ce qui sidéra l'ensemble de nos collègues.

Peu après, j'appris que Disney Imagineering travaillait sur un projet ultrasecret : donner aux gens l'illusion de voler sur le tapis magique d'Aladin. J'appelai Disney. Je me présentai comme un spécialiste de la réalité virtuelle à la recherche d'informations. On me renvoya de bureau en bureau. J'insistai si lourdement qu'on finit par me passer un certain Jon Snody. Il s'agissait, en fait, du chef de l'équipe, du concepteur le plus doué du moment. Je n'aurais pas été plus ému si j'avais eu au téléphone le Président des États-Unis en personne.

Après les banalités d'usage, je lui dis que je serais bientôt de passage en Californie. Pourrions-nous en profiter pour nous rencontrer ? Bien sûr, c'était un gros mensonge. Je n'avais aucun projet de voyage là-bas. Je comptais m'y rendre exprès s'il acceptait. Je serais allé sur Neptune pour le voir ! Il me répondit :

– Pourquoi pas ? Puisque vous serez sur place, nous pourrions déjeuner ensemble.

Avant de partir, je m'enfermai chez moi pendant quatre jours, travaillant comme un forcené. Je demandai à tous les cracks de la réalité virtuelle que je fréquentais de me confier leur opinion et leurs interrogations sur le projet de Disney. Résultat, Jon fut sidéré par mon brio. Il est toujours plus facile d'impressionner quelqu'un en faisant étalage de connaissances acquises par d'autres. À la fin du déjeuner, gonflé à bloc, je m'enhardis et lançai :

– Je dois bientôt prendre six mois sabbatiques.

– Qu'est-ce que c'est ?

Sa réaction me surprit. C'était la première fois que je mesurais le fossé qui sépare le monde universitaire de l'industrie des loisirs.

Je lui expliquai donc le principe des périodes sabbatiques. Il trouva l'idée excellente. Pourquoi ne passerais-je pas ces mois de liberté au sein de son équipe ? Marché conclu. Je travaillerais six mois sur un projet ; ensuite, je publierais un article sur ses résultats. J'eus du mal à contenir ma joie. Que les concepteurs acceptent de partager leurs secrets avec un universitaire me stupéfiait.

Restait un problème de taille : obtenir l'autorisation de mes supérieurs, les amener à m'accorder cette période sabbatique peu sérieuse, du moins à leurs yeux.

Tous les films de Disney mettent en scène un méchant. Pas de méchant, pas d'histoire. Le mien prit les traits d'un des doyens de l'université, que Jai avait surnommé « Ver de terre ». Il n'avait qu'une crainte, que par mon intermédiaire Disney ne s'approprie indûment le résultat de recherches effectuées grâce à des fonds publics, dans nos laboratoires. Il opposa, pour cette raison, un refus catégorique à ma requête. En désespoir de cause, je lui demandai :

– À votre avis, est-ce quand même une bonne idée ?

Il répliqua :

– Je n'ai aucune opinion à ce sujet. Le problème n'est pas là.

Comme quoi les murs qui se dressent parfois devant nous ne sont pas de pierre, mais de chair.

Sachant que je ne parviendrais pas à le fléchir, je m'adressai au directeur des recherches subventionnées. Je lui posai la même question. Était-ce une bonne idée ?

– Je ne dispose pas d'assez d'informations pour me prononcer, me répondit-il. Mais un de mes meilleurs collaborateurs est enthousiaste. Dites-m'en donc un peu plus !

Ma sœur et moi à Disneyland. « J'ai hâte, moi aussi, de réaliser de telles merveilles. »

Voilà une leçon que devrait retenir tout responsable. Les deux hommes m'avaient fourni la même réponse : ils ignoraient si cette période sabbatique était une bonne idée. Mais chacun l'avait formulée à sa manière, de façon tellement différente !

Finalement, on m'accorda mes six mois. Un autre de mes rêves se réalisait ! Ma ténacité et mon impatience avaient porté leurs fruits. À peine arrivé en Californie, je fonçai au volant de ma décapotable vers le siège de Disney Imagineering. C'était une chaude nuit d'été. J'avais mis à plein régime, sur mon lecteur de CD, la musique du *Roi Lion*. Des larmes coulèrent sur mes joues au moment où je passai devant l'immeuble. Je n'étais plus Randy Pausch, professeur d'université, mais le gamin de huit ans aux yeux écarquillés, ébloui par le pays des merveilles. J'avais réussi. Moi aussi, désormais, j'en faisais partie.

III

AVENTURES...
ET LEÇONS APPRISES

12

Le parc est ouvert jusqu'à 20 heures

Mon odyssée médicale commença durant l'été 2006, lorsque je ressentis une légère douleur à l'abdomen. Peu après, à la suite d'une jaunisse, mes médecins crurent à une hépatite. Ils déchantèrent vite. Un scanner révéla que j'étais atteint d'un cancer du pancréas. Il ne me fallut pas dix secondes de consultation sur Google pour prendre la mesure de ce qui m'attendait. De tous les cancers, celui du pancréas a le taux de mortalité le plus élevé. La moitié des personnes chez qui on le décèle meurent dans les six mois, et 96 % d'entre elles ne survivent pas au-delà de cinq ans.

J'abordai mon traitement comme j'aborde beaucoup de choses, en scientifique. Je posai à mes médecins de multiples questions, envisageai avec eux toutes les hypothèses. J'enregistrai nos conversations, pour les réécouter chez moi à tête reposée. J'épluchai d'arides articles médicaux, les apportai avec moi lors de nos rendez-vous. Loin d'exaspérer les médecins, mon attitude leur plut. Ils ne se formalisèrent même pas de me voir, parfois, arriver accompagné aux consultations. Par exemple, ma collègue et amie Jessica Hodgins vint plusieurs fois avec moi, m'offrant à la fois son soutien et les informations médicales qu'elle n'avait pas son pareil pour dénicher sur la Toile.

J'affirmai aux médecins que j'étais prêt à endurer toutes les opérations possibles et à avaler tous les médicaments qu'ils voudraient, car je n'avais qu'un objectif : rester en vie le plus longtemps possible, pour Jai et les enfants. Lors de mon premier rendez-vous avec le chirurgien de Pittsburgh, Herb Zeh, je déclarai :

– Soyons clairs. Mon but est d'être encore vivant et de figurer sur la liste de vos records dans dix ans.

Je faisais partie de la minorité de patients sur qui on pouvait tenter une duodéno-pancréatectomie, dite « intervention de Whipple », du nom du physiologiste qui la conçut en 1935. Au cours des années soixante-dix, cette chirurgie tuait encore vingt-cinq pour cent de ceux qui la subissaient. Au début du XXI siècle, le risque de succomber sur le billard était tombé à moins de cinq pour cent, à condition bien sûr que le malade se retrouve entre les mains d'un spécialiste expérimenté. Je savais quand même que ce serait très dur, d'autant que l'opération serait suivie de séances de rayons et de chimio extrêmement pénibles.

Le docteur Zeh m'enleva non seulement la tumeur, mais aussi la vésicule biliaire, le tiers du pancréas, le tiers de l'estomac et une partie de l'intestin grêle. Je passai ensuite deux mois au centre de cancérologie MD Anderson, de Houston, pour la chimio et les rayons. Je perdis plus de vingt kilos. À la fin du traitement, je pouvais à peine marcher. Je rentrai chez moi, à Pittsburgh. Là, un nouveau scanner ne décela aucun cancer. Je repris peu à peu mes forces.

En août, je retournai à Houston pour mes examens trimestriels. Jai tint à m'accompagner. Elle confia les enfants à une baby-sitter et prit l'avion avec moi. Ce voyage se transforma en escapade romantique. J'emmenai

Jai dans un parc aquatique géant. Curieuse conception, me direz-vous, d'une lune de miel. Peut-être, après tout, retombais-je en enfance. Je ne me lassais pas en tout cas de glisser sur le toboggan, m'esclaffant comme un gosse.

Enfin, le 15 août 2007, un mercredi, j'arrivai en compagnie de Jai au centre MD Anderson, pour prendre connaissance des résultats de mes derniers scanners. On nous fit entrer dans une salle d'examen, où une infirmière me posa quelques questions de routine.

– Pas de modification de votre poids, Randy ? Prenez-vous toujours les mêmes médicaments ?

Jai fut frappée par sa voix chantante et gaie lorsqu'elle lança, en refermant la porte :

– Le docteur ne va pas tarder.

Elle avait oublié, en partant, de fermer le fichier qui s'affichait sur l'ordinateur posé dans un coin de la pièce. Mes résultats s'étalaient encore sur l'écran.

– Si nous y jetions un œil ? proposai-je à Jai.

Même si c'était indiscret de ma part, je n'éprouvais aucune gêne. Après tout, il s'agissait de ma vie.

Je trouvai mes analyses sanguines. Il y en avait trente, mais je savais ce que je cherchais : le CA 19-9, le marqueur tumoral. Le dosage était affolant : 208, alors que la normale se situe en dessous de 37.

– Les carottes sont cuites, murmurai-je à Jai.

– Qu'est-ce que tu veux dire ?

Je lui donnai le CA 19-9. Elle était assez renseignée sur le traitement du cancer pour savoir que le chiffre 208 indiquait la présence de métastases, un arrêt de mort.

– Ce n'est pas drôle, répondit-elle. Arrête de plaisanter.

Je fis apparaître les scanners sur l'écran et commençai à compter : « Un, deux, trois, quatre, cinq, six... »

La panique s'empara de Jai.

– Ne me dis pas que tu comptes les tumeurs !

Je ne pouvais m'en empêcher. Je continuai à haute voix.

– Sept, huit, neuf, dix...

J'avais le verdict sous les yeux, les métastases envahissaient mon foie.

Jai s'approcha de l'ordinateur, contempla l'écran, puis s'effondra dans mes bras. Nous avons fondu en larmes. Je me rendis compte, alors, qu'il n'y avait pas de boîte de mouchoirs en papier dans la pièce. Je venais d'apprendre que je mourrais bientôt et, rationnel jusqu'au bout, me surpris à penser : « Dans une salle comme celle-là et dans de tels moments, ils pourraient quand même prévoir des Kleenex. C'est vraiment de la négligence. »

On frappa à la porte. Le docteur Wolff entra, un dossier à la main. Son regard s'attarda sur Jai, sur moi, puis sur l'ordinateur. Il comprit. Je décidai de prendre les devants.

– Nous savons, lui dis-je.

En état de choc, Jai sanglotait. Bien sûr, j'étais triste moi aussi. Pourtant, je fus fasciné par le calme, l'humanité du médecin. Il s'assit près de Jai pour la réconforter. Posément, il lui expliqua qu'il ne lutterait plus pour me sauver.

– Nous allons nous efforcer de prolonger le temps qui lui reste, dans les meilleures conditions possibles. En l'état actuel de nos connaissances, c'est tout ce que nous pouvons faire.

– Attendez ! protesta-t-elle. Qu'êtes-vous en train de me dire ? C'est fini, et c'est tout ? Vous êtes passé de « Nous allons nous battre » à « Le combat est perdu » ? Ne pourrait-on pas faire une greffe du foie ?

– Non. Pas après l'apparition de métastases.

Il parla d'une chimio palliative, traitement qui n'avait pas pour but de guérir, mais d'amoindrir les symptômes, peut-être de gagner quelques mois. Il trouverait le moyen, ajouta-t-il, de me garantir une fin de vie agréable et active.

Cet échange affreux me semblait irréel. D'un côté, j'étais sonné, désespéré pour moi, mais surtout pour Jai qui ne parvenait pas à maîtriser son chagrin. De l'autre, mon esprit scientifique me poussait à considérer froidement les faits à et à presser le médecin de questions. En même temps, une autre part de moi-même observait attentivement la scène, comme si elle ne me concernait pas. J'admirai la patience avec laquelle le docteur Wolff annonçait les nouvelles à Jai. « Il l'a fait des dizaines de fois, songeai-je. Il s'y est soigneusement préparé. Pourtant, il y met tout son cœur, toute sa spontanéité. »

Avec une sorte de détachement, je le regardai se renverser dans son fauteuil, près de Jai, fermer les yeux avant de répondre à une question, comme si cela l'aidait à se concentrer. « Il n'a pas passé un bras autour de ses épaules, pensai-je. Je comprends pourquoi. Cela paraîtrait trop familier. Mais il se penche vers elle, pose une main sur son genou. Il est très fort. »

J'aurais aimé que tous les étudiants en médecine souhaitant devenir cancérologues assistent eux aussi à l'entrevue, s'imprègnent de la délicatesse de Wolff, de sa façon de donner à ses réponses une tournure positive. Quand je lui demandai « Dans combien de temps vais-je mourir ? », il répliqua : « Vous avez sans doute entre trois et six mois de pleine vitalité. » Cela me rappela mon séjour chez Disney. Quand on leur demande « À quelle heure ferme le parc ? », les employés rétorquent : « Le parc est *ouvert* jusqu'à 20 heures. »

Je me sentais étrangement soulagé. Jai et moi avions vécu dans l'angoisse pendant de trop nombreux mois, attendant de savoir si et quand les tumeurs reviendraient. À présent, elles étaient là et en nombre. L'attente était terminée. Nous pouvions nous préparer à ce qui allait suivre.

À la fin de l'entretien, le médecin étreignit Jai et me serra la main.

Nous sommes partis ensemble, pour affronter notre nouvelle réalité. Je me remémorai ce que j'avais dit à Jai dans le parc aquatique, après une séance de toboggan :

– Même si demain mes résultats sont mauvais, sache que je suis heureux de me sentir vivant et d'être là aujourd'hui avec toi. Quelles que soient les nouvelles que nous allons apprendre, je ne mourrai pas en les entendant. Je ne mourrai pas non plus le lendemain, ni le surlendemain, ni le jour d'après. Et celui que je vis à présent est un jour heureux. Je voudrais que tu saches à quel point je le savoure.

Je me souviens de cet instant et du sourire de Jai.

Et j'eus une certitude : ce sourire illuminerait le temps qui me restait à vivre.

13
L'homme à la décapotable

Un matin, longtemps après le diagnostic de mon cancer, je reçus un courriel de Robbee Kosak, vice-présidente de Carnegie Mellon.

Elle me racontait que la veille au soir, en rentrant chez elle en voiture, elle s'était retrouvée derrière un homme au volant d'une décapotable. On était au début du printemps, il faisait doux. L'homme avait rabattu la capote de son auto et baissé toutes les vitres. Son bras pendait le long de la portière, ses doigts rythmaient contre la tôle la musique que diffusait sa radio. Sa tête battait elle aussi la mesure, le vent ébouriffait ses cheveux.

Robbee changea de file et se rapprocha un peu plus. Elle aperçut le profil de l'homme, éclairé par un léger sourire, le sourire heureux d'un homme seul plongé dans sa rêverie. « Voilà, pensa-t-elle, la quintessence de l'individu savourant l'instant présent. »

La décapotable bifurqua, révélant à Robbee le visage entier du conducteur.

– Mon Dieu, se dit-elle. C'est Randy Pausch !

Elle en resta stupéfaite. Et bouleversée. Elle me savait atteint d'une maladie incurable. Pourtant, je ne lui avais jamais paru aussi épanoui. « Tu n'imagines pas, m'écrivit-elle dans son courriel, à quel point cette brève vision de toi a transfiguré ma journée, m'a rappelé tout le prix de la vie. »

Ce message, je l'ai relu plusieurs fois. Il résumait à merveille l'état dans lequel je me trouvais à cet instant. Et il disait la vérité.

Je ne cessais de me demander, depuis le verdict qui me condamnait à brève échéance, si je ne jouais pas la comédie, si je ne m'efforçais pas, devant les autres, de me donner une contenance, de paraître courageux, fort, moralement indestructible. C'est ce que font de nombreux malades atteints d'un cancer. Ne m'étais-je pas coulé dans le même moule, n'avais-je pas adopté le même masque qu'eux ?

Le message de Robbee me conforta au-delà de toute espérance. Elle m'avait vu seul, loin du regard d'autrui. Et elle m'avait surpris tel que j'étais ce soir-là, sans artifice, livré à moi-même, face aux jours qui me restaient. La vie était toujours aussi belle. Il fallait en savourer chaque seconde. C'était exactement ce que je faisais.

14
L'oncle hollandais

Quiconque me connaît vous dira que j'ai toujours eu une haute opinion de moi-même. J'assène ce que je pense et ce que je crois. L'incompétence m'exaspère.

Ces traits de caractère m'ont beaucoup servi. Mais ils m'ont aussi attiré l'inimitié de beaucoup de gens, blessés par mon arrogance et mon manque de tact. Heureusement, certains de mes intimes se sont employés, pour mon plus grand bien, à me remettre à ma place.

À commencer par ma sœur Tammy qui, tout au long de notre enfance, s'était heurtée à la prétention de M. Je sais tout. Je ne cessais de lui dire ce qu'elle devait faire, comme si sa naissance avait été une erreur que j'essayais de corriger.

Un jour, alors que j'avais sept ans et elle neuf, que nous attendions le bus de ramassage scolaire et que je pérorais comme d'habitude, elle en eut assez. Elle m'arracha des mains la boîte métallique contenant mon déjeuner et la jeta dans une flaque boueuse, au moment même où le bus arrivait.

Elle finit dans le bureau du directeur de l'école. Quant à moi, on m'envoya chez l'intendant, qui nettoya ma boîte, jeta mon sandwich maculé de boue et, bon prince, me donna de quoi en acheter un autre.

Le directeur annonça à Tammy qu'il venait d'appeler notre mère.

– Je lui laisse le soin de régler le problème, lui affirma-t-il.

Lorsque nous sommes rentrés à la maison, ma mère nous dit :

– Je laisse cette affaire à ton père.

Ma sœur passa le reste de la journée à trembler, attendant avec anxiété d'être fixée sur son sort.

Revenu de son travail, notre père écouta l'histoire. Un large sourire illumina ses traits. Il n'allait certainement pas punir Tammy. Bien au contraire, il la félicita ! Elle avait bien fait. Elle avait jeté ma boîte de déjeuner dans une flaque ? Je ne méritais rien d'autre. Tammy poussa un énorme soupir de soulagement. Quant à moi, je ravalai ma honte.

Toutefois, la leçon n'avait pas complètement porté ses fruits.

On ne se débarrasse pas de ses défauts du jour au lendemain. Récemment, Scott Shermann, un de mes plus anciens camarades d'université, m'a déclaré :

– Quand je t'ai connu, tu réfrigérais tout le monde. Ton manque de tact t'avait fait surnommer « l'Homme qui se fait détester dès la première poignée de main ».

Obsédé par ma réussite, je ne me rendais compte de rien. Andy van Dam, un des plus grands professeurs d'informatique de l'époque, connu pour sa droiture et son exigence, me prit comme assistant. Il appréciait mes qualités. Cependant, mes défauts ne lui échappèrent pas. Il me trouvait intolérant et prétentieux.

Un jour, il me proposa une promenade. Il me prit par l'épaule et murmura :

– Randy, je regrette tellement que les autres te trouvent arrogant. Car cela t'empêchera de réaliser tout ce dont tu es capable.

Il avait mille fois raison. En fait, son message était clair :

– Randy, tu es imbuvable.

Mais il le disait avec ce tact dont j'étais précisément dépourvu, pour m'amener à supporter la critique et à accepter ce que j'avais besoin d'entendre, surtout venant de lui, mon héros.

Il existe, en anglais, une vieille expression, « l'oncle hollandais ». Elle désigne un sage qui s'adresse à vous sans hypocrisie, pour votre bien. Cet oncle plein de sollicitude, je l'avais devant moi. Andy van Dam jouait d'autant plus son rôle qu'il était réellement d'origine hollandaise. Je n'ai jamais oublié sa leçon.

Mes travers n'ont pas tout à fait disparu. Depuis la diffusion de mon « Dernier discours » sur Internet, nombre de mes amis me charrient et me surnomment « saint Randy ». Ils me rappellent gentiment qu'on me décrivait, à une certaine époque, avec beaucoup moins d'indulgence.

J'espère quand même que mes défauts se sont limités à ma vie sociale et n'ont pas affecté mes rapports avec mes proches. Si j'ai réussi à leur épargner les aspects les moins séduisants de ma personnalité, je le dois à des êtres d'exception comme Andy qui, au bon moment, avec rudesse mais affection, m'ont mis en garde et m'ont aidé à me corriger.

15

Du soda sur le siège

J'ai longtemps été ce qu'on appelle un « oncle célibataire ». Pour compenser jusqu'à trente ans mon absence d'enfants, j'ai reporté ma tendresse sur ceux de ma sœur, Chris et Laura. Je suis devenu leur oncle Randy, l'excentrique qui, loin de toute autorité, leur a fait apprécier la vie sous un angle différent.

Je ne les gâtais pas. Mais je les libérais de leurs contraintes, ce qui, parfois, rendait ma sœur folle.

Il y a douze ans, alors que Chris avait sept ans et Laura neuf, je suis venu les chercher dans mon cabriolet Volkswagen flambant neuf. Leur mère leur fit mille recommandations.

– Prenez bien soin de la nouvelle voiture d'oncle Randy. Essuyez-vous les pieds avant de vous affaler sur les banquettes. Surtout, ne la salissez pas.

En l'écoutant, je ne pus m'empêcher de penser, en bon oncle célibataire :

« Ce genre d'admonestation ne peut que les pousser à la faute. Bien sûr, ils vont saloper ma bagnole. Les bambins ne peuvent pas s'en empêcher. »

Je leur facilitai donc la tâche. Alors que ma sœur continuait à les réprimander, j'ouvris lentement une canette de soda, la retournai et la renversai sur le siège arrière. On ne pouvait être plus explicite : les êtres humains comptent plus que les objets ; ma nouvelle auto, aussi rutilante fût-elle, n'était qu'un tas de ferraille.

Chris et Laura me regardèrent faire, bouche bée, les yeux exorbités. Ce cinglé d'oncle Randy venait de piétiner allègrement les règles des adultes.

Ma bravade fut récompensée. À la fin du week-end, Chris prit froid et vomit sur le siège arrière. Il n'en éprouva aucun remords. Mieux encore, il se sentit soulagé. Il m'avait vu baptiser la banquette. Il pouvait continuer. Je ne me mettrais pas en colère.

Ces gamins pouvaient faire avec moi ce qu'ils voulaient, à deux conditions :

– On ne geint pas ;

– quoi qu'il arrive, quand nous sommes ensemble, on ne dit rien à maman.

Ce secret imposé transforma nos escapades en aventures hollywoodiennes aussi captivantes que des histoires de pirates. Le plus banal devint magique. Je les emmenai se gaver dans des *fast-food* avant de leur faire visiter des musées ou de les entraîner dans des randonnées épuisantes en pleine nature avec, pour gratification, une nuit dans un hôtel doté d'une superbe piscine.

Tous les trois, nous faisions des crêpes. La remarque de mon père me revenait en mémoire :

– Pourquoi faut-il que les crêpes soient toujours rondes ?

Je m'étais toujours posé la même question. Mes neveux et moi confectionnions donc les nôtres en forme d'animaux bizarres. Ils donnaient libre cours à leur fantaisie, comme s'ils passaient un test de Rorschach improvisé. Parfois, ils s'exclamaient :

– Ce n'est pas l'animal que je voulais !

Tant pis. Nous examinions la crêpe. Et nous donnions un nom à la bête en question...

Chris et Laura ont à présent vingt et un et dix-neuf ans. Ils ont grandi sous mes yeux. Je leur suis plus que reconnaissant de m'avoir permis d'égayer leur enfance. Car je n'aurai pas la chance d'être le père de petits de plus de six ans. Ce bonheur me sera interdit. J'aurai guidé Chris et Laura jusqu'à l'âge adulte. Ils resteront ce qu'ils ont été pendant des années, mes premiers enfants.

Récemment, je leur ai demandé de me rendre un service. Je voudrais qu'après ma mort ils emmènent mes deux fils et ma fille en week-end, qu'ils les distraient comme je les ai distraits. Qu'ils les laissent choisir. Dylan adore les dinosaures, Logan aime le sport, Chloé raffole de la danse. Que Chris et Dylan leur offrent des escapades en rapport avec leurs passions.

Je souhaiterais également qu'ils leur disent :

– Votre père s'est occupé de nous quand nous étions petits. Nous faisons de même avec vous, par affection et par reconnaissance. Et parce que nous vous aimons aussi fort qu'il vous a aimés.

Je voudrais qu'ils leur expliquent aussi que, si j'ai accepté de subir les traitements les plus pénibles, c'était pour eux, pour rester le plus longtemps à leur côté.

Une dernière chose : si mes gamins salopent leur bagnole, qu'ils pensent à moi et sourient.

16
Attendrir le mur

Le plus formidable mur de brique auquel je me suis heurté ne mesurait qu'un mètre soixante et était absolument ravissant. Il me fit fondre en larmes, me poussa à remettre toute mon existence en question et, en désespoir de cause, à m'adresser à mon père pour lui demander son aide.

Ce mur, c'était Jai.

Ainsi que je l'ai dit dans mon « Dernier discours », j'ai toujours eu tendance, dans ma vie professionnelle, à défoncer les murs. Je n'ai pas parlé à mes auditeurs de la cour que j'avais faite à ma femme. L'émotion m'aurait empêché de poursuivre. Pourtant, les mots que j'ai prononcés sur l'estrade définissent assez bien mes premiers jours avec elle.

« Les murs de brique sont là pour arrêter les gens qui manquent de ténacité. Ils sont là pour arrêter *les autres.* »

Lorsque j'ai fait la connaissance de Jai, j'étais un joyeux célibataire de trente-sept ans. Je prenais du bon temps, papillonnant à droite et à gauche et me détournant des filles qui prenaient les choses trop au sérieux. Je n'avais aucune intention de me fixer. Alors que mon salaire de professeur m'aurait permis d'emménager dans un logement convenable, j'habitais, sous les toits, un appartement minuscule meublé n'importe comment et dont pas un de mes étudiants n'aurait voulu. Il me convenait à merveille.

Un jour, un de mes amis me demanda :

– À ton avis, quelle femme apprécierait cette mansarde ?

Je répondis :

– La femme idéale.

Je blaguais. J'aimais mon travail, et par-dessus tout ma liberté. Même une sainte aurait refusé de partager mon existence – d'ailleurs quand elle entra dans ma vie, Jai se déroba elle aussi. Bref, je n'étais pas le mari rêvé. Quelle importance ? J'étais heureux ainsi.

Je rencontrai Jai à l'automne 1998, à l'occasion d'un cours sur la réalité virtuelle que je donnais à l'université de Caroline du Nord, à Chapel Hill. Âgée de trente et un ans, étudiante en littérature comparée, elle occupait un emploi à temps partiel au département d'informatique. Son travail consistait à accueillir les visiteurs du labo, qu'ils fussent prix Nobel ou enfant des écoles. Ce jour-là, ce fut moi qu'elle reçut.

Elle avait assisté, l'été précédent, à l'une de mes conférences à Orlando. Elle me raconta plus tard qu'elle avait songé à m'aborder à la fin de ma prestation, pour se présenter. Elle n'avait pas osé. Apprenant qu'elle serait mon guide à Chapel Hill, elle consulta mon site Internet pour en savoir davantage sur moi. Elle étudia mon cursus universitaire puis trouva sur des renseignements plus personnels, notamment ma passion pour la couture et la fabrication de maisons en pain d'épice. Le site mentionnait mon âge, mais ne faisait aucune allusion à une épouse ou une compagne. Il comportait également de nombreuses photos de ma nièce et de mon neveu.

Ce côté excentrique lui parut intéressant, mais intriguant. Perplexe, elle téléphona aux amis qu'elle avait dans le monde de l'informatique.

– Que sais-tu à propos de Randy Pausch ? Est-ce qu'il est homo ?

On lui répondit par la négative. Mais on me décrivit comme un dilettante qui ne se stabiliserait jamais.

Jai, elle, avait été brièvement mariée à un ami de jeunesse. Elle n'avait pas eu d'enfant. Et depuis son divorce, elle était plus que réticente à l'idée de s'engager à nouveau.

Dès le premier instant, je ne l'ai plus quittée des yeux. D'emblée, sa beauté, ses longs cheveux noirs, son sourire, son charme et sa gaieté me fascinèrent. Obnubilé par sa présence, j'eus le plus grand mal à me concentrer sur les projets de réalité virtuelle que me présentaient les étudiants. Je ne cessai de la regarder avec une insistance qui la perturba.

– Je me demandais si tu faisais ça à tout le monde, m'avoua-t-elle par la suite, ou si j'étais la seule.

Oh oui, elle était la seule !

Plus tard dans la journée, elle m'interrogea en tête à tête sur les logiciels que l'université de Caroline du Nord pourrait éventuellement mettre au point. J'étais déjà envoûté. J'avais, le soir, un dîner entre collègues, auquel je ne pouvais échapper. Je lui proposai d'aller boire un verre ensuite. Elle accepta.

Le dîner me parut interminable. Impossible, là encore, de me concentrer. Je priai pour que ces distingués universitaires mâchent le plus rapidement possible. Je convainquis tout le monde de ne pas commander de dessert. Enfin libre, j'appelai Jai... à 20 h 30.

Alors que je n'ai jamais été grand buveur, je l'emmenai dans un bar à vin. Je tremblais d'émotion. Je devais repartir le lendemain matin. Je lui dis que je changerais mes plans si elle passait la journée avec moi. Ce qu'elle fit. Mon bonheur, ce jour-là, fut à son comble.

De retour à Pittsburgh, je lui offris un billet d'avion pour qu'elle vienne me rendre visite. Visiblement, je ne lui étais pas indifférent. Mais elle avait peur de ma réputation et de tomber vraiment amoureuse.

– Je ne viendrai pas, m'écrivit-elle par courriel. J'y ai beaucoup réfléchi. Je ne me sens pas prête pour une relation durable.

Bien sûr, ce refus me rendit encore plus fou d'elle. Et j'étais bien décidé à faire tomber le mur qu'elle m'opposait. Je lui envoyai une douzaine de roses, avec un petit mot : « Même si elle m'attriste énormément, je respecte votre décision et vous souhaite tout le bonheur possible. Randy. »

Sa réaction ne se fit pas attendre. Elle prit l'avion.

M'étais-je montré incurablement romantique, ou machiavélique ? Peu importait. Je voulais vivre avec cette femme. Même si elle cherchait encore sa voie, j'étais, quant à moi, sûr de ma passion.

Cet hiver-là, nous nous sommes vus presque chaque fin de semaine. Même si mon franc-parler et mon côté M. Je sais tout la déroutaient, elle m'affirma qu'elle n'avait jamais rencontré d'être plus positif, ni plus optimiste que moi. Et elle suscita en moi une sollicitude que je ne me connaissais pas. Sa santé, son bonheur me semblaient plus importants que tout au monde.

Je finis par lui demander de s'installer à Pittsburgh. J'évoquai même une bague de fiançailles. C'était aller un peu vite en besogne. Elle était encore craintive. Je devais éviter d'exercer une pression trop forte sur elle. Elle accepta néanmoins de faire un premier pas : habiter à Pittsburgh, mais dans son propre appartement.

En avril, je m'arrangeai pour animer un séminaire d'une semaine à Chapel Hill. Cela me permettrait d'aider Jai à faire ses bagages. Ensuite, nous rentrerions en auto à Pittsburgh.

Dès mon arrivée, elle déclara :

– Il faut que nous parlions.

Jamais je ne l'avais vue aussi sérieuse.

– Je ne peux pas venir à Pittsburgh, m'asséna-t-elle. Je suis navrée.

Qu'avait-elle en tête ? Je lui demandai ses raisons.

– Cela ne marchera jamais, répondit-elle.

Il fallait que je sache pourquoi.

– Je... Je ne t'aime pas comme tu voudrais que je t'aime.

Elle enfonça le clou.

– En fait, je ne t'aime pas.

J'eus l'impression de recevoir un coup de poing dans l'estomac. Ce n'était pas possible. Pas possible !

Nous étions aussi tristes, aussi mal à l'aise l'un que l'autre. Ce fut un moment horrible. Je ne pouvais pas rester en face d'elle. Il me fallait regagner mon hôtel.

– Aurais-tu la gentillesse de me reconduire ? Ou veux-tu que j'appelle un taxi ?

Elle me raccompagna. Je sortis mon sac du coffre, luttant contre mes larmes. S'il est possible d'être à la fois arrogant, optimiste et malheureux comme une pierre, j'en suis la preuve vivante.

– Je vais essayer de trouver un moyen d'être heureux, conclus-je amèrement. J'aurais adoré l'être avec toi, mais si c'est impossible je m'efforcerai de l'être sans toi.

Remonté dans ma chambre, je passai la plus grande partie de la journée au téléphone avec mes parents, à leur parler de ce mur auquel je venais de me heurter.

Ils s'empressèrent de me réconforter.

– Je suis persuadé qu'elle ment, m'assura mon père. Cela ne correspond pas à l'attitude qu'elle a eue avec toi. Tu lui as demandé de se déraciner, de partir avec toi. Elle est complètement perturbée et tremble de peur. Si je me trompe, si elle ne t'aime pas, tout est fini. Mais si elle t'aime, l'amour triomphera.

Je les interrogeai sur ce que je devais faire.

– Montre-toi protecteur, me conseilla ma mère. Si tu l'aimes, soutiens-la.

C'est ce que je fis. Je passai la semaine à donner des cours à l'université. On m'avait alloué un bureau situé au-dessus du sien. Je frappai deux fois à sa porte, uniquement pour voir si elle allait bien.

– Si je peux quoi que ce soit pour toi, lui dis-je, fais-le moi savoir.

Quelques jours plus tard, elle m'appela.

– Randy, tu me manques. J'ai envie que tu sois là. Cela signifie sans doute quelque chose, non ?

Elle venait enfin de l'admettre, elle était amoureuse.

Une fois de plus, mes parents avaient eu raison. L'amour avait triomphé. À la fin de la semaine, Jai s'envola pour Pittsburgh.

Rien n'est plus fort qu'un désir authentique. Les murs de brique le savent. Comme les dieux de l'Olympe, ils nous mettent à l'épreuve en n'espérant qu'une chose : que nous les renversions.

17
Tous les contes de fées ne se terminent pas en douceur

Nous nous sommes mariés, Jai et moi, sous un chêne centenaire dans le parc d'un vieux domaine de Pittsburgh. Ce fut une cérémonie intime, que nous avions décidé de clore en beauté.

Au lieu de quitter la réception en voiture avec des casseroles attachées au pare-chocs, ou en calèche, nous avons opté pour une apothéose moins convenue. Une montgolfière multicolore nous emmena dans les nuages, tandis que nos amis, les yeux au ciel, nous souhaitaient bon voyage en agitant les bras.

Alors que nous grimpions dans la nacelle, Jai s'écria, avec un grand sourire :

– C'est exactement comme si un conte de fées s'achevait en un film de Walt Disney.

Dès le début, le conte de fées faillit tourner au désastre. Juste après le décollage, le ballon heurta des branches. Ce ne fut pas la destruction du célèbre dirigeable l'*Hindenburg*, mais cela augurait mal de la suite.

– Ne vous inquiétez pas, nous lança le pilote. D'habitude, ça passe.

D'habitude ?

Nous avions également décollé avec un peu de retard. Le pilote nous dit que cela rendrait peut-être notre vol un peu difficile, car le jour déclinait. De plus, les vents devenaient capricieux. Il ajouta :

– Impossible de contrôler notre itinéraire. Nous sommes à la merci du changement de vent. Mais tout se passera bien.

La montgolfière survola Pittsburgh, oscilla au-dessus des trois célèbres rivières de la ville. Ce n'était pas ce qu'avait prévu le pilote. Je perçus son inquiétude.

– Je ne vois aucun endroit où nous poser, grommela-t-il, presque pour lui-même.

Puis, se tournant vers nous :

– Ouvrons l'œil.

Les nouveaux mariés n'admiraient plus le paysage. Tous les trois, nous cherchions des yeux un endroit dégagé pour atterrir. Nous nous sommes retrouvés au-dessus des faubourgs. Enfin, le pilote repéra un champ, vers lequel il dirigea le ballon.

– Ça devrait aller, dit-il en amorçant rapidement la descente.

Je regardai en bas. Le champ était vaste, mais bordé par une voie de chemin de fer. Et, sur cette voie, un train arrivait à toute allure. En moi, le jeune marié s'effaça devant le technicien.

– Je crois qu'il y a une variable, dis-je au pilote.

– Une variable ? C'est ainsi que vous, les informaticiens, appelez un problème ?

– Oui. Que se passera-t-il, si nous entrons en collision avec le train ?

Il me répondit avec franchise. Le risque pour que la nacelle heurte un wagon ou la locomotive était faible. Mais le ballon lui-même risquait de tomber sur la voie au moment de l'atterrissage. Dès lors, nous serions tirés par le train. Il y aurait certainement du dégât.

– Dès que la nacelle touchera le sol, nous intima-t-il, courez aussi vite que vous le pourrez !

Ce n'était pas le genre de conseil que des jeunes mariés aiment entendre. Jai n'avait plus du tout le sentiment d'être une princesse de conte de fées. Quant à moi, j'avais l'impression d'être plongé dans un film catastrophe, m'apprêtant à sauver la femme de ma vie d'un cataclysme imminent.

J'observai le pilote. D'ordinaire, je fais confiance aux gens dotés d'une compétence que je n'ai pas. Mais en cet instant, je me sentis totalement désemparé. Les yeux du pilote exprimaient une panique incoercible. Jai était livide.

Le ballon descendait toujours. J'essayai de calculer la vitesse à laquelle nous devrions sauter de la nacelle avant de détaler à toutes jambes. Le pilote se débrouillerait très bien tout seul. De toute façon, même s'il ne le faisait pas, Jai passait d'abord. Ce serait elle que j'empoignerais. Je l'aimais. Lui, je venais à peine de le rencontrer.

Il laissait l'air s'échapper du ballon, tirait sur tous les leviers qu'il avait devant lui, cherchant à se poser le plus rapidement possible. À ce stade, il aurait préféré atterrir sur une des maisons proches du champ plutôt que devant ce train fou.

Enfin, la nacelle heurta violemment le sol. Elle rebondit plusieurs fois avant de se figer, presque à l'horizontale. En quelques secondes, l'enveloppe dégonflée de la montgolfière s'étala sur le sol. Grâce à Dieu, elle manqua le train. Sur l'autoroute qui longeait le champ, des automobilistes s'arrêtèrent et se précipitèrent pour nous secourir. Nous offrions au milieu de ce terrain découvert, devant la montgolfière affaissée et le pilote soulagé, moi dans mon costume, Jai dans sa robe de mariée, un spectacle plus qu'insolite.

Photo prise avant que nous montions dans la montgolfière

Nous n'en menions pas large. Mon ami Jack, qui avait suivi la montgolfière en voiture, nous réconforta avec de grands rires. Nous claquions encore des dents. Après tout, nous venions de frôler la mort. Même les contes de fées ont leurs moments noirs.

Le camion du pilote arriva peu après. La montgolfière fut hissée dans la benne. Au moment où Jack s'apprêtait à nous ramener à la maison, le pilote trotta vers nous, brandissant une bouteille de champagne bon marché.

– C'est compris dans le prix ! s'exclama-t-il. Toutes mes félicitations !

Son geste nous arracha enfin un sourire. Notre premier jour de vie commune avait bien failli être le dernier. Cela valait bien un toast.

18

Chérie, je suis rentré

Par une chaude journée, peu après notre mariage, je me rendis à Carnegie Mellon à pied, laissant Jai à la maison. Notre minivan était dans le garage et ma Volkswagen décapotable stationnait dans l'allée. En sortant pour faire des courses au volant du minivan, Jai recula sans regarder derrière elle et emboutit ma décapotable.

Ce qui suivit ressembla à une scène de la célèbre série américaine *I love Lucy*. Jai passa le reste de la journée à concocter à mon intention une explication sur ce qui venait d'arriver, tout comme Lucy attendant Rick, son mari, après une catastrophe.

Elle arriva à la conclusion qu'il lui fallait créer l'atmosphère idéale pour m'annoncer la nouvelle. Elle rangea les deux véhicules dans le garage, dont elle ferma la porte. À mon retour, elle se montra plus tendre que d'habitude, si c'était possible. Elle me posa mille questions sur ma journée, mit de la musique douce, me prépara mon plat favori. Bref, même si elle ne m'accueillit pas en déshabillé (je n'eus pas cette chance), elle m'enroba de toute sa tendresse.

Vers la fin de notre délicieux dîner, elle me dit :

– Randy, j'ai un aveu à te faire. J'ai heurté une de nos voitures avec l'autre.

Je lui demandai comment cela s'était passé. Elle me détailla les dégâts. La décapotable avait subi les dommages les plus importants, mais les deux voitures roulaient toujours très bien.

– Tu veux aller voir au garage ? hasarda-t-elle.

– Non. Terminons notre dîner.

Elle parut surprise. Je n'étais pas en colère. Je n'avais même pas l'air contrarié. Cette indifférence aux choses matérielles remontait à loin, à l'éducation que j'avais reçue. Jai ne le savait pas encore. Mais elle finirait bientôt par l'admettre.

Après le repas, nous sommes allés inspecter les voitures. Je haussai les épaules. L'inquiétude qui, toute la journée, avait perturbé Jai s'évanouit comme par enchantement.

– Demain, me promit-elle, je ferai établir un devis pour les réparations.

Je lui répondis que cela ne serait pas nécessaire. Les tôles froissées n'avaient rien de dramatique. Mes parents m'avaient appris qu'une auto était faite pour vous amener d'un point à un autre. Ce ne sont que des machines, qui n'ont aucune signification sociale. Je déclarai donc à Jai que je ne prévoyais aucune réparation. Nous pouvions très bien vivre avec des rayures et des bosses.

Elle en fut un peu choquée.

– Allons-nous vraiment nous exhiber dans des autos cabossées ?

Je rétorquai :

– Jai, tu dois me prendre comme je suis. Tu es soulagée que je ne me formalise pas de cet incident. Tu dois aussi admettre qu'à mes yeux il est inutile de réparer des objets qui continuent à remplir leur fonction. Nos voitures fonctionnent toujours. Leur aspect n'a aucune importance.

Ma réaction pourra paraître désinvolte. Mais ce n'est pas parce qu'on a une poubelle ou une brouette cabossée qu'on en achète une autre. L'état de notre poubelle ou de notre brouette ne définit pas notre statut social, notre prestige aux yeux d'autrui.

Jai le comprit. Nos deux voitures cabossées devinrent le symbole de notre mariage. Ce qui ne compte pas n'a pas à être réparé.

19
Un nouvel an mouvementé

Quels que soient les problèmes, on peut toujours les aggraver. Mais on peut aussi, en y mettant du sien, les atténuer. Telle est la leçon que j'ai apprise le dernier jour de l'année 2001.

Jai attendait Dylan. Elle était enceinte de sept mois. Nous nous apprêtions à fêter paisiblement l'année 2002 chez nous, en regardant un DVD.

Le film commençait à peine lorsque Jai s'écria :

– Je crois que je perds les eaux.

Il ne s'agissait pas des eaux. C'était du sang. En un instant, elle en fut couverte. Inutile de perdre du temps à appeler une ambulance. L'hôpital de Pittsburgh était à cinq minutes si je brûlais les feux rouges, ce que je fis.

Aux urgences, après la signature des formulaires d'assurance, Jai fut prise en main par une équipe de médecins et d'infirmières. On diagnostiqua tout de suite un *abruptio placenta,* ou décollement prématuré du placenta. La survie du fœtus était menacée. Notre enfant était en danger de mort. Et Jai courait de grands risques.

Il y avait des semaines que l'évolution de sa grossesse

nous perturbait. Le bébé remuait à peine. Jai ne prenait pas assez de poids. J'avais insisté pour qu'on lui fasse une nouvelle échographie. Les médecins s'étaient alors aperçus que son placenta jouait mal son rôle. L'enfant ne se développait pas bien. On avait donc fait à Jai des injections de stéroïdes pour stimuler la croissance des poumons de l'enfant.

À présent, dans cette salle des urgences, notre inquiétude se muait en effroi.

– Votre femme est au bord du choc clinique*, m'annonça une infirmière.

L'angoisse de Jai transparaissait dans son regard. Quant à moi, j'étais terrifié. Je m'efforçai néanmoins de garder mon calme, pour assumer la situation.

Il était 9 heures du soir. Les médecins et les infirmières en poste en temps normal étaient certainement en congé. J'avais affaire aux membres de l'équipe de garde. Se montreraient-ils à la hauteur ? Parviendraient-ils à sauver ma femme et mon enfant ?

J'en eus rapidement la certitude. Tous agirent avec un sang-froid et une efficacité remarquables. Ils furent rapides, calmes, précis. Chacun de leurs gestes dénotait une compétence irréprochable. Et leur sollicitude, leur humanité m'allèrent droit au cœur. Car ils savaient exactement ce qu'il fallait dire.

Alors qu'on l'entraînait vers le bloc opératoire pour une césarienne en urgence, Jai murmura à l'obstétricienne :

– C'est grave, n'est-ce pas ?

J'admirai la réponse, parfaitement adaptée à la situation :

– Si nous étions vraiment affolés, croyez-vous que nous vous aurions fait signer les formulaires d'assurances ? Nous n'en aurions même pas pris la peine.

---

* Une hypotension artérielle qui peut être fatale.

Jai eut un pâle sourire. L'argument avait porté. Je me demandai si la doctoresse l'utilisait souvent pour apaiser ses patientes.

À ce moment-là, l'anesthésiste me prit à part.

– Je voudrais vous mettre à contribution, me dit-il. Votre femme est proche du choc clinique. Si cela se produit, nous avons de quoi la traiter. Mais cela risque d'être difficile pour nous. Il faut que vous l'aidiez à garder son calme. Nous avons besoin de votre présence pendant l'intervention.

Les pères assistent souvent à l'accouchement de leur femme. « Respire, chérie ! Bien, continue, respire encore ! » Mon père, lui, se moquait de cette nouvelle mode. Pendant la naissance de son premier enfant, il avait passé son temps à manger des cheeseburgers. Mais, en l'occurrence, on ne me demandait pas une simple présence. On me confiait une véritable tâche. L'anesthésiste fut très clair.

– Je ne sais ce que vous devrez lui dire, ni comment il vous faudra le dire. Je vous fais confiance. Arrangez-vous pour apaiser sa peur.

L'équipe commença la césarienne. Je serrai la main de Jai de toute la force dont j'étais capable. Je voyais ce qui se passait. Elle, non. Je décidai de lui décrire l'opération en détail, le plus calmement possible. De ne rien lui cacher.

Elle avait les lèvres bleues. Elle tremblait. Je lui caressai la tête. Puis, de mes deux mains, j'emprisonnai à nouveau la sienne. Et je lui racontai par le menu le déroulement de l'intervention, essayant d'être à la fois précis et rassurant. De son côté, elle tentait avec acharnement de rester avec nous, de garder son calme, de ne pas perdre conscience.

– Je vois un bébé, dis-je. Un bébé arrive.

Ses larmes l'empêchèrent de poser la question qui la hantait. Mais j'avais la réponse.

– Il bouge.

Alors, le nourrisson – Dylan, notre premier enfant – poussa un hurlement tel que je n'en avais jamais entendu. Le cri d'un cochon qu'on égorge. Les infirmières sourirent.

– Magnifique ! s'exclama l'une d'elles.

Les enfants qui naissent en silence ont souvent des problèmes. Mais ceux qui viennent au monde en faisant un chahut du diable sont des battants. La vie ne leur fera pas peur.

Dylan pesait un kilo et demi. Sa tête avait la taille d'une balle de base-ball. Mais il était capable de respirer sans assistance. Ça, c'était une bonne nouvelle.

Jai était submergée par l'émotion et le soulagement. Son sourire revint, ses lèvres retrouvèrent leur couleur. J'étais si fier d'elle, de son courage ! Lui avais-je évité le choc clinique ? Je l'ignore. Mais j'avais tenté de dire et de faire tout ce qui était en mon pouvoir pour la maintenir parmi nous. Je m'étais efforcé de ne pas céder à la panique. Cela avait peut-être été utile.

Dylan fut conduit dans l'unité néonatale de soins intensifs. J'avais pris conscience de la fragilité des parents d'un nouveau-né. Les médecins et les infirmières doivent sans cesse les rassurer. Cette nuit-là, les membres de l'équipe de garde ont réussi, de main de maître, à nous communiquer deux informations contradictoires. Ils nous ont affirmé :

– Votre enfant est unique et nécessite des soins particuliers.

– Ne vous vous inquiétez pas, un million de nourrissons comme le vôtre sont nés ici.

Dylan n'a jamais eu besoin d'assistance respiratoire. Pourtant, jour après jour, nous avons tremblé pour lui.

Nous n'avions pas encore le cœur, Jai et moi, de célébrer sa venue au monde. Lorsque tous les matins nous partions pour l'hôpital, nous pensions l'un et l'autre, sans nous l'avouer : « Vivra-t-il encore quand nous arriverons là-bas ? ».

Un jour, nous avons trouvé sa couveuse vide. Jai faillit s'évanouir. Mon cœur battait à tout rompre. J'agrippai la première infirmière qui passait et bredouillai, incapable de formuler une phrase :

– Le bébé. Nom de famille, Pausch. Où ?

Jamais je n'avais éprouvé une telle épouvante. J'avais l'impression de pénétrer dans un monde sans lumière que je n'avais jamais imaginé auparavant.

L'infirmière eut un grand sourire.

– Oh, votre bébé se débrouille si bien que nous l'avons retiré de la couveuse, transféré à l'étage au-dessus et couché dans un lit normal.

Nous avons escaladé les marches quatre à quatre. Dylan était là, criant tout son soûl pour nous annoncer son entrée dans la vie.

Sa naissance avait souligné, une fois de plus, le rôle que nous jouons dans notre destinée. Jai et moi aurions très bien pu nous effondrer. Elle aurait pu se laisser aller, renoncer à se battre. J'aurais pu ne pas avoir la force de jouer ma partie dans la salle d'opération.

Mais pas une fois, pendant toute cette épreuve, nous n'avons pensé : « C'est injuste ! ». Nous nous sommes cramponnés à l'espérance, à ce que nous pouvions faire de positif. Et nous l'avons fait. Sans l'exprimer, nous avons adopté la maxime du capitaine Kirk : « Je ne crois pas aux combats perdus d'avance. »

20
Un secret gardé pendant cinquante ans

Après la mort de mon père, en 2006, nous avons exhumé ses affaires personnelles. Chaque objet nous parlait de lui, de son amour de la vie. Je découvris des photos de lui, jeune, jouant de l'accordéon ; d'autres où il apparaissait, vers cinquante ans, déguisé en Père Noël, ce qu'il avait toujours adoré faire ; puis, à l'aube de la vieillesse, serrant dans ses bras un ours en peluche plus grand que lui. Sur un dernier cliché, pris le jour de ses quatre-vingts ans, on le voit sur des montagnes russes avec un groupe de vingt personnes, heureux comme un gosse.

Certaines photos plus mystérieuses m'ont attendri, notamment l'une d'elles, prise dans les années soixante, dans une épicerie. En costume et cravate, il tient à la main un sac de papier marron. Je ne saurai jamais ce qu'il contenait mais, connaissant mon père, ce devait être quelque chose d'inattendu.

En rentrant de son travail, il nous ramenait parfois un petit jouet ou des sucres d'orge. Il nous les tendait en riant, inventant, pour justifier son cadeau, une histoire à dormir debout. Sa façon de nous l'offrir nous ravissait bien davantage que le présent lui-même. Voilà ce que cette photo au sac d'épicerie me rappela.

Mon père avait également conservé des tas de documents, relatifs à son métier d'assureur ou à ses projets humanitaires.

Mon père, en uniforme

Parmi eux, nous avons découvert une citation de 1945, à l'époque où il servait dans l'armée. Cette citation pour « conduite héroïque » était signée du général commandant la 75e Division d'infanterie.

Le 11 avril 1945, la compagnie de mon père fut attaquée par les forces allemandes. Au début de l'affrontement, un tir d'artillerie blessa huit combattants. Selon la citation, « indifférent à sa propre sécurité, le soldat Pausch quitta son abri et, sous le feu de l'ennemi, donna les premiers soins aux blessés. Ces soins se révélèrent si efficaces que tous purent être évacués sains et saufs ».

Pour prix de cet exploit, mon père, alors âgé de vingt-deux ans, reçut une médaille, la Bronze Star for Valor.

Au cours des cinquante années de mariage de mes parents, lors des milliers de conversations que mon père eut avec nous, il ne fut jamais question de ce fait d'armes. Ce secret avait été bien gardé, comme si mon père avait voulu me donner, des semaines après sa mort, une ultime leçon sur le sens du sacrifice et la valeur de l'humilité.

21
Jai

J'ai demandé à Jai ce qu'elle avait appris depuis mon diagnostic. En l'occurrence, elle pourrait écrire là-dessus un livre intitulé *Oubliez le dernier discours ! Voici la véritable histoire.*

J'ai épousé une femme forte. J'admire son impulsivité, sa loyauté, sa façon de m'asséner les choses en face. Même à présent, alors qu'il ne nous reste plus que quelques mois, nous nous évertuons à dialoguer comme si tout était normal, comme si notre mariage devait encore durer des dizaines d'années. Nous discutons, nous nous disputons, nous nous réconcilions.

Elle m'a avoué qu'elle avait encore du mal à me comprendre, mais qu'elle faisait des progrès.

– Tu te comportes toujours en scientifique. Tu veux des éléments concrets ? Je t'en fournirai. Moi, je suis une intuitive, une émotive. Je mettrai désormais cette intuition et cette émotivité de côté. Et je t'apporterai des preuves.

Un exemple : à Noël, nous devions rendre visite à ma famille. Mais tout le monde, là-bas, avait la grippe. Jai refusait d'exposer nos enfants à la contagion. Or, je tenais, moi, à faire ce voyage. Après tout, je n'aurais guère d'autres occasions de revoir les miens.

– Nous resterons à distance, l'assurai-je. Tout ira bien.

Elle décida alors de m'opposer des arguments imparables. Elle appela une de ses amies infirmière, qui téléphona à deux médecins. Ils lui donnèrent leur avis. Selon eux, il serait dangereux d'emmener les enfants. Confortée dans ses réticences, Jai me dit :

– Randy, je viens d'interroger trois sommités médicales. Voici leur verdict.

Je ne pus que m'incliner. Je fis un aller-retour rapide pour voir ma famille. Jai resta à la maison avec les enfants. Je n'attrapai pas la grippe.

Je conçois que mon côté rationnel puisse être difficile à supporter. Jai lui résiste en ne cachant rien de son exaspération. Quand je dépasse les bornes, elle me le fait savoir. Ou bien elle m'avertit :

– Quelque chose me tape sur les nerfs. Je ne sais pas encore quoi. Mais dès que j'aurai trouvé, je te le dirai.

En même temps, depuis ma maladie, elle apprend à faire preuve d'un peu de souplesse. C'est ce que lui a conseillé le docteur Reiss, soucieuse de nous aider à arrondir les angles et à vivre le mieux possible le temps qui nous reste à passer ensemble.

Je n'ai jamais été ordonné. Je laisse traîner mon linge sale partout, j'entasse mes chemises repassées et mes vêtements propres n'importe où. Mon lavabo, dans la salle de bain, est un vrai chantier. Cela a toujours rendu Jai folle. Avant ma maladie, elle hurlait. Mais le docteur Reiss lui a conseillé de ne pas laisser les petits détails nous dresser l'un contre l'autre.

Je devrais faire un effort, me confondre en excuses. Je n'en ai plus l'occasion. Jai a cessé de me faire des reproches sur de petits détails anodins. Allons-nous nous disputer parce que je n'accroche pas mes costumes dans la penderie ? Non. À présent, Jai repousse du pied mes tas de linge sale dans un coin et se détourne.

Un de nos amis lui a suggéré de tenir un journal. Elle a suivi son conseil. Cette rédaction quotidienne l'aide énormément. Elle couche sur le papier tout ce qui l'excède :

Ce soir, Randy n'a pas mis son assiette dans le lave-vaisselle. Il l'a laissée sur la table pour aller retrouver son ordinateur.

Elle savait que ce soir-là j'étais préoccupé, que je recherchais sur Internet des informations sur d'éventuels traitements. Pourtant, cette assiette abandonnée sur la table l'exaspérait. Je ne peux l'en blâmer. Elle s'est défoulée en confiant son irritation à son journal. Cela l'a soulagée, ce qui nous a évité une querelle.

Elle essaie de se concentrer sur ce que chaque jour a de merveilleux, laissant de côté ce qui pourrait le gâcher. « S'angoisser pour le lendemain ne nous aidera en rien », dit-elle.

Certains jours sont plus pénibles que d'autres. Témoin la dernière Saint-Sylvestre. Nous fêtions, avec le nouvel an, le sixième anniversaire de Dylan. Nous étions heureux que j'aie survécu jusqu'à ce moment. Pourtant, nous ne pouvions nous résoudre à parler de ce qui nous hantait, l'éléphant dans le magasin de porcelaine, le prochain nouvel an sans moi.

Ce 31 décembre, j'emmenai Dylan voir *Le Merveilleux Magasin de M. Magorium*, un film qui raconte l'histoire d'un marchand de jouets. J'en avais lu le résumé sur la Toile, mais je n'avais pas mentionné le fait que M. Magorium avait décidé qu'il était temps pour lui de mourir et de laisser son atelier à une apprentie. J'étais donc là, au cinéma, mon fils sur les genoux. Dylan pleurait, effondré par la mort prochaine de M. Magorium. Il ignorait encore que j'étais condamné. Si cette scène entre lui et moi avait fait partie d'un film, les critiques l'auraient trouvée outrée. Mais un dialogue du film que nous étions en train de regarder me bouleversa. L'apprentie – jouée par Natalie Portman – dit à Dustin Hoffman, dans le rôle du fabricant de jouets, qu'il ne peut pas mourir. Qu'il faut qu'il vive. Ce dernier répond :

– J'ai eu mon lot.

Plus tard, ce soir-là, alors que minuit allait sonner, Jai remarqua que j'avais l'air déprimé. Pour me faire oublier ma tristesse, elle me remémora tout ce que l'année écoulée avait eu de merveilleux. Nous avions fait, seuls tous les deux, des escapades romantiques que nous n'aurions jamais faites si ma maladie ne m'avait rappelé la valeur du temps qui nous est imparti. Nous avions regardé nos enfants grandir. Chez nous, tout était plein d'amour, d'énergie.

Elle me jura de continuer à être là, pour moi et nos enfants.

– J'ai quatre raisons de m'arc-bouter, affirma-t-elle.

Et elle promit :

– Je le ferai.

Elle ajouta qu'elle ne se lassait pas de me voir m'entretenir avec les enfants. Mon visage, me dit-elle, s'illuminait chaque fois que Chloé me parlait, dans son langage de bébé de dix-huit mois.

À Noël, j'avais présidé à la décoration du sapin. Au lieu de montrer à Dylan et à Logan comment accrocher les ampoules aux branches avec soin et méthode, je les laissai agir à leur guise, selon leur fantaisie, c'est-à-dire n'importe comment. Cet épisode chaotique, nous l'avons filmé. Selon Jay, ce fut un moment magique qui restera pour elle un des souvenirs les plus précieux de notre vie commune.

*
**

Jai discute sur la Toile avec des malades atteints du cancer et avec leurs familles. Ces contacts lui apportent des informations utiles. Pourtant, elle ne peut s'y attarder trop longtemps.

– Le combat de Bob est terminé, lit-elle. La lutte de Jim vient de s'achever.

Ces dénouements l'accablent. Mais un témoignage l'a stimulée. Il était écrit par une femme dont le mari était atteint, comme moi, d'un cancer du pancréas. Tous deux avaient planifié un voyage en famille, qu'ils avaient dû ajourner. Et le mari était mort.

– Faites les voyages dont vous avez toujours eu envie, je vous en conjure, poursuivait la femme. Vivez dans l'instant.

Jai s'est juré de le faire.

Elle a rencontré à Pittsburgh d'autres malades et leurs proches. Les échanges qu'elle a eus avec eux l'ont réconfortée. Elle peut, auprès d'eux, se plaindre de mon comportement au lieu de m'en tenir rigueur, se décharger de la pression qu'elle subit à chaque instant. Et se concentrer sur nos moments les plus heureux.

Quand je lui faisais la cour, je lui envoyais des fleurs chaque semaine. J'accrochais des animaux en peluche dans son bureau. Lorsqu'elle ne l'effrayait pas, mon exaltation la ravissait. Cette image de Randy le romantique la fait sourire, l'aide à affronter les périodes d'abattement et de désespoir.

À propos, elle aussi a réalisé la plupart de ses rêves d'enfant. Elle voulait avoir son propre cheval. Elle n'a pas pu en acheter un, mais en a monté des dizaines. Elle souhaitait aller en France. Elle y a passé un été comme étudiante. Et par-dessus tout, elle rêvait, petite fille, d'avoir un jour des enfants.

J'aurais aimé avoir plus de temps pour l'aider à concrétiser ses autres rêves. Le plus important a quand même vu le jour. Nos enfants ont cimenté notre amour et nous ont consolés de bien des choses.

Nous parlons souvent de ce que nous a apporté notre vie commune, l'entraide, la force, la confiance, la franchise. Elle s'irrite toujours de ma négligence domestique. Mais elle passe l'éponge. Quant à moi, je me suis promis de me surveiller, d'éviter de l'irriter.

Ce fut une de mes résolutions pour la nouvelle année.

22
La vérité peut vous tirer d'embarras

Il n'y a pas longtemps, j'ai été arrêté pour excès de vitesse, non loin de notre nouvelle maison de Virginie. Distrait, j'avais un peu trop appuyé sur le champignon.

Le policier me demanda mon permis de conduire et mes papiers. Je les lui tendis. Il nota, sur mon permis établi en Pennsylvanie, mon adresse de Pittsburgh.

– Que faites-vous ici ? ajouta-t-il. Vous êtes militaire ?

– Non. Je viens de m'installer en Virginie et je n'ai pas encore eu le temps de faire changer mon adresse sur mes papiers.

– Et pourquoi avez-vous emménagé ici ?

Il m'avait posé une question directe. Sans réfléchir, je lui donnai une réponse tout aussi directe.

– Puisque vous me le demandez, monsieur l'agent, je suis atteint d'un cancer incurable. Il ne me reste que quelques mois à vivre. Nous avons déménagé pour être plus près de la famille de ma femme.

Le policier me toisa. Puis, sèchement :

– Comme ça, vous avez un cancer...

Visiblement, il s'interrogeait. Étais-je réellement mourant ? Est-ce que je mentais ?

Il me considéra longuement.

– Pour un type à qui il ne reste que quelques mois à vivre, vous avez l'air de vous porter très bien.

Il se trouvait devant un dilemme déroutant. « Ou ce type se paye ma tête, pensait-il sans doute, ou il dit la vérité, comment le savoir ? » Il essayait de s'assurer de mon honnêteté sans me traiter ouvertement de menteur. Il m'obligeait donc à prouver ma sincérité, mais comment m'y prendre ?

– C'est vrai, monsieur l'agent. J'ai l'air en pleine forme. Mais ce n'est qu'une apparence. Les tumeurs sont à l'intérieur.

Je fis alors ce que je n'aurais jamais cru oser faire. Je relevai ma chemise, révélant les cicatrices de mon opération.

Le flic les examina. Puis il me regarda droit dans les yeux. Sa confusion faisait peine à voir, il savait à présent qu'il parlait à un mourant. Et même s'il y avait un risque pour que lui soit échu le menteur le plus culotté qu'il ait jamais interpellé, il n'irait pas plus loin. Il me rendit mes papiers.

– Soyez gentil, dit-il. À partir de maintenant, levez le pied !

L'affreuse vérité m'avait tiré d'embarras. Alors que le flic regagnait sa voiture, je ne pus m'empêcher de pouffer. Je m'en étais mieux sorti que ces superbes blondes qui battent des cils pour amadouer les agents. Je rentrai chez moi avec lenteur, souriant comme une reine de beauté.

IV

STIMULER LES RÊVES DES AUTRES

23
Je suis en pleine lune de miel, mais si vous avez besoin de me joindre...

L'autre jour, Jai m'a envoyé faire quelques courses. Après avoir trouvé tout ce qu'elle avait inscrit sur la liste, j'optai, afin de sortir plus rapidement du magasin, pour le guichet de paiement automatique. Je glissai ma carte de crédit dans la machine, suivis les instructions et scannai moi-même mes achats. La machine émit un petit bruit strident, me débita de 16,55 dollars mais n'imprima pas de reçu. J'insérai donc de nouveau ma carte et recommençai l'opération.

Peu après, je me retrouvai avec deux reçus en main. La machine m'avait débité deux fois.

Il me fallait prendre une décision. Je pouvais m'adresser au gérant, qui aurait écouté mon histoire, aurait rempli un formulaire et m'aurait délesté quelques instants de ma carte pour effacer l'une des deux sommes. Cette démarche assommante aurait pris, dans le meilleur des cas, à peu près un quart d'heure. Autant de temps de perdu.Étant donné ma situation, avais-je vraiment envie de gâcher de si précieuses minutes ? Non. Pouvais-je m'offrir le luxe de payer deux fois 16,55 dollars ? Oui. Je quittai donc le magasin, plus heureux d'avoir gagné ce quart d'heure que d'avoir récupéré seize malheureux dollars.

J'ai eu, toute ma vie, un sens aigu de la précarité du temps. J'admets qu'il m'arrive de me montrer trop logique sur beaucoup de choses, mais je crois fermement au bien-fondé de cette obsession. J'ai toujours appris à mes étudiants à économiser leur temps. Et je suis parvenu à si bien préserver le mien que j'ai vraiment le sentiment d'avoir vécu le plus intensément possible au cours de la brève existence qui m'a été accordée.

Ce que je sais tient en quelques maximes.

Le temps doit être géré de façon méticuleuse, comme un budget.

Quand j'insiste là-dessus, mes étudiants lèvent souvent les yeux au ciel, excédés par ce qu'ils appellent mon « pauschisme ». Je persiste, je les conjure de ne pas se disperser sur des détails sans importance. « Inutile, leur dis-je, de s'obstiner à polir la partie cachée de la rampe d'escalier. »

On peut toujours changer de projet, mais uniquement si on en a un.

Je suis convaincu de l'utilité des listes d'objectifs ou d'obligations prioritaires. De telles listes aident à aborder la vie par paliers. J'écrivis un jour sur la mienne : « Être titularisé ». C'était naïf. La liste la plus utile est celle qui rend moins ardues les tâches à accomplir, les divise en petites étapes. Un peu comme lorsque j'encourage Logan à ranger sa chambre en ne déplaçant qu'un objet à la fois.

Demandez-vous : est-ce que j'emploie mon temps à bon escient ?

Chacun défend des causes, cherche à atteindre des buts, défend des intérêts.

Tous en valent-ils la peine ? Je me souviens d'une coupure de presse d'un journal de Roanoke, en Virginie. Elle montrait la photo d'une femme enceinte qui protestait contre la construction d'un lotissement proche de chez elle. Elle affirmait que le vacarme des marteaux-piqueurs risquait de nuire gravement à la santé du bébé qu'elle portait. Or, cette femme s'était fait photographier avec une cigarette entre les doigts. Si elle s'était vraiment souciée de la santé de son enfant, elle aurait employé le temps qu'elle passait à invectiver les marteaux-piqueurs à jeter ses paquets de cigarettes dans le caniveau.

Adoptez un bon système de classement.

Lorsque je dis à Jai que je souhaitais avoir, dans la maison, un endroit où classer mes dossiers par ordre alphabétique, elle se moqua de ce qu'elle appela mon « tempérament maniaque ».

Je lui répondis :

– Il vaut mieux classer ses dossiers par ordre alphabétique, plutôt que de passer des heures à en chercher un en grommelant « Je sais qu'il était bleu et que je mangeais quelque chose quand je l'ai rangé ».

Reconsidérez votre façon d'utiliser le téléphone.

Le téléphone envahit de plus en plus nos existences, parfois de façon exaspérante, comme lorsque nous sommes mis en attente en écoutant : « Votre appel compte énormément pour nous ». Bien sûr... Cela me fait penser à un type qui, lors d'un premier rendez-vous, giflerait sa dulcinée en lui disant « Je t'adore ». C'est malheureusement la manière dont les services clients fonctionnent aujourd'hui. Lorsque je ne peux y échapper, j'évite toujours d'avoir un récepteur collé à mon oreille. J'utilise toujours un téléphone à haut-parleur, pour que mes mains restent libres de faire autre chose.

J'ai également mis au point diverses techniques pour abréger les coups de fil intempestifs. Si je suis assis quand on m'appelle, je me lève tout de suite, cela aide à abréger les conversations. J'aime aussi avoir sous les yeux, sur mon bureau, un travail à faire, ce qui me pousse à presser mon interlocuteur.

D'autres trucs fonctionnent très bien. Vous voulez vous débarrasser rapidement d'un démarcheur ? Raccrochez au moment où vous parlez et où lui écoute. Il croira que votre ligne a des problèmes et passera à l'appel suivant. Vous voulez avoir une conversation brève avec une personne ? Appelez-la à midi moins cinq, juste avant le déjeuner. Ce que vous avez à lui dire l'intéressera peut-être énormément, mais pas au point de manger froid.

Déléguez.

Une fois devenu professeur, j'ai très vite compris que je pouvais faire confiance à de brillants étudiants de dix-neuf ans, leur confier les clés de mon royaume. La plupart du temps, leur sens des responsabilités m'impressionnait. Il n'est jamais trop tôt pour déléguer. Deux de mes photos préférées me représentent avec dans mes bras ma fille Chloé, âgée de dix-huit mois. Sur la première, je lui donne le biberon. Sur la seconde, je lui délègue la tâche. Elle paraît satisfaite. Moi aussi.

Réservez-vous des moments de liberté.

Il n'existe pas de vraies vacances si l'on doit lire ses courriels ou écouter sa boîte vocale. Lorsque nous sommes partis en voyage de noces, Jai et moi n'avions qu'un désir, être seuls. Toutefois, mon patron estima que je devais laisser aux gens la possibilité de me joindre. Je concoctai donc le message idéal :

– Bonjour, ici Randy. J'ai attendu ma trente-neuvième année pour me marier. Mon épouse et moi serons absents un mois, j'espère que vous n'y voyez aucun inconvénient. En tout cas, cela pose un problème à mon patron, il a insisté pour qu'on puisse me joindre.

Je donnai ensuite le nom des parents de Jai et celui de la ville où ils habitaient.

– Vous obtiendrez leurs coordonnées en appelant les renseignements. Si vous arrivez à les convaincre que ce que vous avez à me dire est assez urgent pour interrompre la lune de miel de leur fille unique, ils ont notre numéro.

Nous n'avons reçu aucun appel.

Mes façons de préserver mon temps sont parfois éminemment sérieuses, parfois ironiques. Mais toutes se justifient.

Le temps est tout ce que nous possédons. Et l'on peut découvrir un jour qu'on en a moins que ce que l'on croyait.

24
Un « ramenard » repenti

Selon une idée si répandue qu'elle en devient un cliché, le but de tous les professeurs devrait être d'inculquer à leurs élèves les bonnes méthodes d'apprentissage. De leur apprendre à apprendre.

Je ne conteste pas le bien-fondé de cette opinion. J'ai pourtant privilégié tout au long de ma carrière un but mille fois plus important à mes yeux : je me suis toujours efforcé d'amener mes étudiants à se juger eux-mêmes.

Connaissaient-ils leurs véritables aptitudes ? Acceptaient-ils leurs lacunes ? Étaient-ils lucides à propos de ce que les autres pensaient d'eux ?

Telle est, selon moi, la première mission d'un éducateur. Ainsi que me l'a appris l'entraîneur Graham, il n'existe qu'un moyen de progresser : ne pas avoir peur de faire son autocritique. Comment nous améliorer si nous ne nous jugeons pas nous-même ?

Des professeurs de la vieille école déplorent aujourd'hui que l'enseignement soit devenu une sorte de supermarché en Amérique du Nord. Les parents se sacrifient pour payer des études à leurs enfants, ils en veulent donc pour leur argent. À leurs yeux, le diplôme que convoitent leurs rejetons est une marchandise comme une autre, un produit haut de gamme, mais un produit tout de même.

Bien sûr, nous proposons à nos étudiants d'assimiler le savoir que nous avons acquis avant eux. En ce sens, nous sommes des pourvoyeurs. Pourtant, nous avons pour eux d'autres visées. Comme des entraîneurs sportifs, nous leur permettons d'accéder à tout l'équipement nécessaire, livres, laboratoires, sans compter notre propre compétence. Mais notre mission vis-à-vis d'eux ne s'arrête pas là. Elle consiste surtout à exiger le meilleur d'eux-mêmes, à leur faire accepter la critique, à les pousser à se remettre sans cesse en question.

À l'université comme en sport, seul l'effort aboutit à des résultats. Nos étudiants doivent pouvoir constater leurs progrès intellectuels, comme des athlètes surveillent devant leur miroir le développement de leurs muscles. En même temps, il leur faut faire preuve de modestie, d'honnêteté. On ne les forme pas en les flattant, mais en les rudoyant parfois. J'ai toujours gardé cet axiome à l'esprit.

À l'époque où je donnais, à Carnegie Mellon, mon cours intitulé « Construire des mondes virtuels », mes étudiants travaillaient par équipes de quatre sur des programmes informatiques de réalité virtuelle. Ils étaient notés tous les quinze jours en fonction du jugement de leurs coéquipiers. Ensuite, ils en changeaient. À la fin du semestre, chacun avait planché sur cinq projets avec, chaque fois, trois nouveaux coéquipiers. Il disposait donc, sur ses résultats et son comportement, de quinze avis différents.

Il pouvait en prendre connaissance sur un graphique en barres que j'avais établi et qui répondait à des questions aussi simples que :

1. Selon ses camarades, était-il assez assidu ?

Combien d'heures avait-il consacrées à chaque programme ?

2. Sa contribution avait-elle été originale, imaginative ?

3. Était-il facile de collaborer avec lui ? Avait-il l'esprit d'équipe ?

Ainsi avait-il une idée précise de ce que ses camarades pensaient de lui.

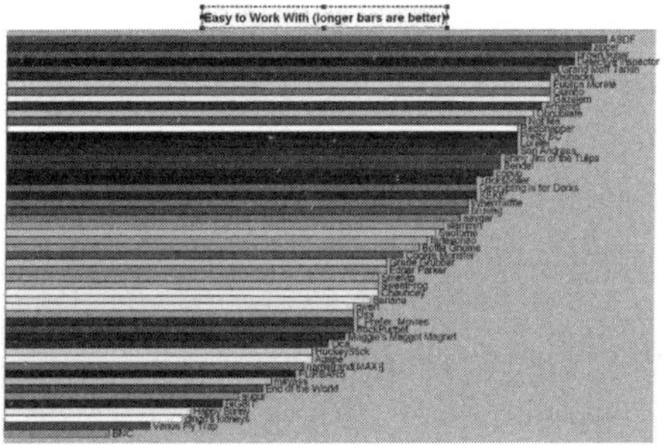

À ces opinions s'ajoutaient des commentaires plus personnels, tous destinés à corriger ses défauts, par exemple : « Laisse les autres finir leurs phrases quand ils te parlent ! ».

La plupart de mes étudiants, impressionnés par ce graphique bien plus explicite que n'importe quelle remontrance, acceptaient les critiques et en tenaient compte. Certains, pourtant, s'obstinaient dans leur aveuglement.

Je me souviens de l'un d'eux, particulièrement odieux. Il était brillant mais, peut-être à cause de cela, totalement indifférent à la sensibilité d'autrui. En regardant le graphique, non seulement il resta de marbre, mais il interpréta les résultats à sa manière, affirmant qu'ils n'étaient pas si mauvais, et qu'en fin de compte ses coéquipiers l'appréciaient à sa juste valeur.

Le prenant à part, je lui dis :

– Ne te leurre pas sur toi-même. Tes camarades ne te supportent pas et ils ont raison. Ils disent que tu n'écoutes personne, qu'il est impossible de travailler avec toi. Tu as un sérieux problème. Si tu ne te corriges pas, ton caractère te nuira partout où tu iras.

Il parut vexé – ils le sont toujours. Alors, je lui racontai ma propre expérience.

– Autrefois j'étais comme toi, imbuvable, prétentieux, et surtout en plein déni. Un de mes professeurs qui m'estimait a pris la peine de m'enfoncer la vérité dans le crâne. Je l'ai écouté, ce qui me différencie de toi.

L'étudiant écarquilla les yeux. Je poursuivis :

– Je l'avoue, je suis un « ramenard » repenti. Cela me donne l'autorité morale de te dire que toi aussi tu peux changer.

Dès lors, il se surveilla et s'améliora. Je lui avais rendu le même service que celui que m'avait rendu, des années plus tôt, mon mentor Andy van Dam.

25

Naissance d'un Jedi

Il est merveilleux de réaliser ses rêves. Mais on éprouve plus de bonheur encore quand on aide les autres à concrétiser les leurs.

En 1993, alors que j'enseignais à l'université de Virginie, un artiste qui était aussi un crack en informatique demanda à intégrer mon équipe de recherche. Je le reçus, le laissai me raconter sa vie, décrire ses objectifs. Soudain, il me lança :

– Je suis hanté par un rêve d'enfant.

Quiconque utilise les mots « enfant » et « rêve » dans la même phrase me fait dresser l'oreille. Je répliquai aussitôt :

– Quel est ce rêve, Tommy ?

– Je veux participer à l'élaboration du prochain *Star Wars*.

Souvenez-vous que cette conversation se déroulait en 1993. Le dernier épisode de *La Guerre des étoiles* datait de 1983. On n'envisageait aucune suite. Je répondis avec ménagements :

– Ce rêve me paraît un peu difficile à réaliser, puisque aucun autre film de cette série n'est prévu.

– Vous vous trompez. Il y en aura d'autres et j'y participerai. C'est mon but.

Tommy avait six ans lors de la sortie, en 1977, du premier *Star Wars*.

– Les autres gosses s'identifiaient à Han Solo, précisa-t-il. Moi, je voulais être le concepteur des effets spéciaux, les vaisseaux spatiaux, les planètes, les robots...

Dès son plus jeune âge, il avait dévoré tous les articles qu'il pouvait dénicher sur les techniques de fabrication du film, lu tous les livres sur la construction des maquettes et la mise au point des effets spéciaux.

Tout en l'écoutant, je me souvins de ma première visite à Disneyland, de mon désir de grandir le plus vite possible pour intégrer, moi aussi, le pays des merveilles. J'étais certain que le rêve de Tommy ne se réaliserait jamais, mais qu'il lui servirait d'aiguillon. Je pouvais employer un rêveur de cet acabit. Je lui proposai donc de se joindre à notre équipe.

Tommy vous dira que je ne suis pas un patron facile, que je l'ai houspillé, harcelé, martyrisé. C'était pour son bien et il savait que je nourrissais pour lui de grandes ambitions. Il me compare à un insupportable directeur sportif, ce qui me flatte : il faut croire que j'imite, dans mon domaine, l'entraîneur Graham. Tommy assure également que je ne lui ai pas seulement appris à concevoir des programmes de réalité virtuelle. Je l'ai aussi initié au travail collectif. Je me rappelle lui avoir dit :

– Je sais que tu es doué. Mais tout le monde ici a du talent, cela ne suffit pas. Ce que je veux, c'est que ceux que je supervise se soutiennent constamment les uns les autres, comme les membres d'une même famille.

De ce point de vue, Tommy me donna entière satisfaction. Après avoir été titularisé, je l'emmenai avec mes autres étudiants à Disneyland, en guise de remerciement.

Lorsque je fus nommé à Carnegie Mellon, toute mon équipe de l'université de Virginie me suivit, sauf Tommy. Il venait d'être engagé par la société de George Lucas, Industrial Light & Magic. On ne l'avait pas recruté à cause de ses rêves, mais pour la compétence qu'il avait acquise avec moi et mes collaborateurs. Il était devenu, sous ma direction, un expert du langage Python, que la société de George Lucas avait choisi. Tommy ressemblait à tous ceux que les dieux favorisent, il avait de la chance. Mais il n'en aurait pas eu s'il ne s'y était pas préparé.

La suite de l'histoire prouve que des rêves irréalisables voient parfois le jour. Trois nouveaux épisodes de *La Guerre des étoiles* furent tournés, en 1999, 2002 et 2005. Tommy collabora à l'ensemble de ces films.

Il fut même le directeur technique de l'épisode II, *L'Attaque des clones*. On y assiste à une bataille ahurissante d'un quart d'heure, sur une planète de roches rouges, entre des clones et des droïdes. Tommy l'a entièrement conçue. Son équipe et lui ont utilisé des photos du désert de l'Utah pour créer le paysage virtuel du combat. Quoi de plus magique que ce travail ? Pendant des mois, Tommy a vécu sur une autre planète.

Quelques années plus tard, il nous fit l'honneur, à mes élèves du moment et à moi, de nous recevoir dans les locaux d'Industrial Light & Magic. Mon collègue, Don Marinelli, avait inauguré ces tournées annuelles sur la côte Ouest, pour faire découvrir à nos étudiants les sociétés de loisir les plus versées dans les technologies de pointe. Pour eux, Tommy était un dieu. Il vivait leurs rêves.

En compagnie de trois de mes anciens élèves, il répondit aux questions posées par ceux que j'avais amenés et que je ne dirigeais que depuis un semestre. La plupart d'entre eux me considéraient encore avec méfiance. Ma rudesse et mes exigences en rebutaient toujours beaucoup.

La conversation porta sur les difficultés de se faire une place dans l'industrie du cinéma et sur le rôle de la chance.

– De la chance, il en faut énormément, répondit Tommy. Mais vous en avez déjà tous, puisque que vous avez Randy comme professeur. Sans lui, je n'en serais pas là.

Ce jour-là, je flottais plus encore que je ne l'avais fait en état d'apesanteur. La gratitude de Tommy, qui reconnaissait que j'avais contribué à la matérialisation de son rêve, me comblait. Mais il y avait plus. Il me remerciait en poussant mes étudiants à poursuivre les leurs. En leur passant le relais, il me rendait au centuple l'aide que je lui avais apportée.

26

Ils m'ont ébloui

Ceux qui me connaissent vous diront que je suis un maniaque du rendement. Ils n'ont pas tort. J'ai toujours préféré accomplir deux tâches à la fois, sinon trois. C'est ce qui m'a amené à m'interroger sur mon rôle, alors que ma carrière d'enseignant progressait.

Si j'étais capable d'aider des étudiants pris individuellement à réaliser leurs rêves d'enfant, pourquoi ne pas trouver un moyen de le faire à une plus grande échelle ?

J'en eus l'occasion en 1997, dès mon arrivée à Carnegie Mellon comme maître de conférence en science informatique. On me confia, en tant que spécialiste de l'interaction homme-machine, la responsabilité d'un cycle d'études consacré à la construction de ce que nous appelions des « mondes virtuels interactifs et immersifs », fondés sur l'utilisation de casques-écrans.

J'accueillis dans mon cours cinquante jeunes gens venus de tous les départements de l'université : sculpteurs, comédiens, étudiants en littérature y côtoyaient des ingénieurs, des mathématiciens, des petits génies de l'informatique graphique et de l'animation tridimensionnelle. Les différentes disciplines de Carnegie Mellon étant totalement autonomes, leurs chemins n'auraient jamais dû se croiser. Nous les avons pourtant associés et transformés en partenaires, les forçant à réussir ensemble ce qu'ils n'auraient pas pu accomplir seuls.

Groupés par équipes de quatre membres choisis au hasard, ils travaillaient de concert à des projets s'étalant sur deux semaines. Je leur disais simplement : « Construisez un monde virtuel ! ». Ils l'imaginaient, le rêvaient, le réalisaient, puis le montraient aux autres. Ensuite, je recomposais les équipes. Chacun se retrouvait avec trois nouveaux partenaires et s'attaquait à un nouveau projet.

Je ne leur interdisais que deux choses, la violence et la pornographie, en partie parce que les jeux vidéo en avaient abusé des millions de fois et que j'étais à la recherche d'idées originales.

Il est ahurissant de constater à quel point certains garçons de dix-neuf ans sont totalement à court d'inspiration dès qu'on proscrit la violence et le sexe. Pourtant, lorsque je leur demandai de repousser leurs limites, la plupart relevèrent le défi. Au cours de cette première année, leurs résultats me sidérèrent. Leur travail dépassait mon imagination. Je fus d'autant plus impressionné qu'ils aboutirent à de purs joyaux en se servant d'ordinateurs de faible puissance, comme ceux qu'utilisent les créateurs d'effets spéciaux à Hollywood.

En commençant mon cours, je ne savais absolument pas à quoi m'attendre. À la fin des deux premières semaines, je n'en croyais pas mes yeux. En dix ans de carrière, je n'avais jamais vu ça. Comment allais-je continuer ? J'étais tellement désemparé que j'appelai mon mentor, Andy van Dam.

– Andy, j'ai chargé mes étudiants de réaliser un projet en quinze jours. Et ils ont fait merveille, au point que même si je leur avais accordé tout un semestre pour en venir à bout, je leur aurais remis leur diplôme sans sourciller. Comment poursuivre ?

Andy réfléchit quelques instants, puis répondit :

– Tu n'as qu'une solution. Demain, regarde tes étudiants droit dans les yeux et dis-leur : « Les enfants, c'était parfait, mais je suis sûr que vous pouvez faire encore mieux. »

Sa réponse me laissa pantois. Je suivis néanmoins son conseil. Il avait entièrement raison. Il me fallait placer la barre très haut. Ne pas exiger l'impossible de mes étudiants aurait été un mauvais service à leur rendre.

Ils continuèrent à se perfectionner, à m'éblouir par leurs créations. Toutes, descente de rapides en canoë, escapade romantique en gondole sur les canaux de Venise ou ninjas en planches à roulettes, étaient aussi brillantes les unes que les autres. Certains créèrent des mondes improbables peuplés de sublimes créatures en trois dimensions, semblables à celles dont ils avaient rêvé enfants.

La présentation de ces projets attirait du monde. Je me retrouvai à chaque fois non seulement face à mes cinquante étudiants, mais devant des gens que je ne reconnaissais pas, camarade de campus, amis, parents. Jamais aucun parent n'était venu suivre mon cours auparavant ! Le mouvement ne fit que s'amplifier. À chaque présentation, la foule augmentait. À tel point que nous avons dû déménager dans un amphithéâtre plus vaste pour accueillir plus de quatre cents personnes, aussi enthousiastes que des supporteurs sportifs.

Ces jours-là, je devinais toujours à l'avance quels seraient les meilleurs projets, uniquement en observant les étudiants. Si les membres d'une équipe restaient près les uns des autres, je savais que des liens particuliers s'étaient tissés entre eux et que le monde virtuel qu'ils avaient créé vaudrait la peine d'être vu.

Le travail d'équipe avait été la clé de leur réussite. De cela, je me sentais fier. Jusqu'à quels sommets ces étudiants pourraient-ils encore s'élever ? Je l'ignorais. Réaliseraient-ils leurs rêves ? En tout cas, ils n'y parviendraient pas seuls. Même s'ils n'avaient appris que cela, j'avais déjà accompli une partie de ma tâche.

*
**

Existait-il un moyen de passer à la vitesse supérieure ?

Avec la bénédiction de l'université, nous nous sommes lancés, le professeur d'art dramatique Don Marinelli et moi, dans un programme totalement fou. Il s'appelait, et s'appelle toujours The Entertainment Technology Center (www.etc.cmu.edu), ou Centre des technologies du divertissement. Mais nous préférons le surnommer « l'Usine à rêves ». Il s'agit d'un programme de licence de deux ans. Artistes et techniciens conçoivent ensemble des attractions, des jeux électroniques, des animations audio et vidéo, et tout ce qu'ils peuvent imaginer.

Les universités dites sérieuses n'ont jamais envisagé un tel cursus. Seule Carnegie Mellon a eu cette audace.

Nous personnifiions, Don Marinelli et moi, l'union entre la technologie et l'art, fantaisie d'un côté, rigueur de l'autre. Bien sûr, nous nous sommes souvent heurtés. Mais nous avons toujours fini par nous entendre. Résultat de cet antagonisme fécond, nos étudiants prenaient de chacun de nous ce qu'il avait de meilleur. Et nos divergences leur apprirent à collaborer avec des gens totalement différents d'eux-mêmes. Ce mélange de liberté et d'esprit d'équipe créa, dans notre cours, une atmosphère électrique. Des sociétés privées s'intéressèrent rapidement à nous. Elles nous proposèrent même des promesses écrites d'embauche sur trois ans, ce qui équivalait à offrir un emploi à des étudiants que nous n'avions pas encore admis.

Don fit 70 % du travail sur ce programme. La plus grande part du succès lui revient. Il a monté une annexe en Australie, envisage d'en créer d'autres en Corée et à Singapour. Des centaines d'étudiants à travers le monde, que je ne connaîtrai jamais, vont pouvoir ainsi concrétiser leurs rêves d'enfant les plus fous.

Ce sera une de mes plus belles récompenses.

27
La Terre promise

On peut aider les autres à réaliser leurs rêves à plus ou moins grande échelle. On peut le faire individuellement, comme cela s'est passé avec Tommy, le rêveur de *La Guerre des étoiles*. On peut le faire pour cinquante ou cent personnes à la fois, ainsi que je viens de le raconter. Mais si l'on a une ambition démesurée et une bonne dose de culot, on peut contribuer à la réalisation des rêves de millions de gens.

Ce fut le cas d'Alice, le logiciel éducatif auquel j'ai eu la chance insigne de collaborer. Alice permet à des étudiants en informatique et à n'importe qui, jeune ou vieux, de créer sans effort des animations pour raconter une histoire, jouer à un jeu interactif ou réaliser une vidéo. Il utilise des graphiques en 3D et la technique du « cliquer-glisser » pour faire vivre à ses utilisateurs une première expérience de programmation plus stimulante et moins ardue qu'avec un logiciel classique. Alice est proposé gratuitement à tous par Carnegie Mellon, et plus d'un million de personnes l'ont déjà téléchargé. On prévoit que son utilisation connaîtra, dans les années à venir, un essor phénoménal. J'en suis convaincu. J'imagine déjà des dizaines de millions d'enfants l'utilisant pour poursuivre leurs rêves.

La meilleure méthode d'enseignement consiste à faire croire aux élèves qu'ils apprennent une chose, alors qu'on leur en enseigne une autre. Telle est depuis sa création, au début des années quatre-vingt-dix, la ruse d'Alice. Les élèves croient qu'ils l'utilisent pour faire des films ou créer des jeux vidéo. En fait, sans s'en apercevoir, ils apprennent à devenir programmateurs.

Walt Disney rêvait, pour Disney World, d'un avenir éternel. Il voulait qu'il se développe à l'infini et ne cesse d'évoluer. Tel est mon vœu pour Alice, actuellement perfectionné par mes collègues : qu'il devienne toujours plus performant. Dans ses versions futures, les gens se croiront en train d'écrire un scénario. En fait, ils apprendront le langage de programmation Java. Et grâce à mon ami Steve Seabolt, d'Electronic Arts, nous avons obtenu le feu vert pour utiliser les personnages du jeu vidéo le plus vendu au monde, *Les Sims*. Que désirer de plus ?

Ce projet est en d'excellentes mains. Le concepteur en chef d'Alice est Dennis Cosgrove, qui fut un de mes étudiants à l'université de Virginie. Caitlin Kelleher, une autre de mes anciennes étudiantes, a joué elle aussi un rôle primordial dans son développement. Elle me demanda un jour :

– Je sais que ce logiciel rend la programmation plus facile à assimiler, mais je ne vois pas ce qu'il a de ludique.

Je lui répondis :

– Je suis un indécrottable macho. J'aime voir des soldats de plomb manœuvrer en m'obéissant au doigt et à l'œil. Ça, c'est ludique.

Caitlin se demanda donc comment Alice pourrait, de la même façon, séduire les filles. Après y avoir beaucoup réfléchi, elle arriva à la conclusion que le meilleur moyen consisterait à leur faire raconter des histoires. Elle conçut un système spécial, Storytelling Alice, dont elle fit le sujet de sa thèse de doctorat.

Aujourd'hui professeur d'informatique à l'université Washington de Saint Louis, Caitlin (pardon, le professeur Kelleher) développe de nouveaux systèmes qui révolutionnent les premières expériences de programmation des lycéennes. Elle a prouvé qu'en leur faisant raconter des histoires, on peut les amener sans mal à écrire un logiciel. Elles adorent ça. Et les garçons aussi. Tout le monde aime raconter des histoires. C'est une des caractéristiques de notre espèce depuis la nuit des temps. À mes yeux, Caitlin a gagné son pari. Elle a su, mieux que tout autre, rendre ludique l'enseignement le plus aride.

Dans mon dernier discours, je déclare que je comprends mieux à présent l'histoire de Moïse, à qui Dieu permit de contempler la Terre promise, mais lui interdit d'y pénétrer. C'est ainsi que je conçois les triomphes futurs d'Alice.

J'ai appelé, lors de ce discours, mes collègues et mes étudiants à continuer sans moi. J'ai tenu à ce qu'ils sachent que j'avais toute confiance en eux, que j'étais sûr qu'ils accompliraient de grandes choses (vous pourrez suivre leurs progrès sur www.alice.org).

Grâce à Alice, des millions d'enfants s'amuseront en assimilant une technique plus que difficile. Ils développeront des capacités qui les aideront à concrétiser leurs rêves. Alors que ma mort est proche, le fait qu'Alice soit mon legs professionnel me réconforte.

J'accepte de ne jamais connaître la Terre promise.

L'avoir entrevue me suffit.

V

VIVRE SA VIE

Même si cette partie s'intitule « Vivre sa vie », j'y raconte en fait comment j'ai essayé de vivre la mienne. Ce sera ma façon de dire : « Voilà ce que j'ai réussi à entreprendre ».

28

Des rêves immenses

L'homme marcha sur la Lune pour la première fois au cours de l'été 1969. J'avais huit ans. Je sus alors que tout était possible. Un peu comme si nous venions tous, à travers le monde, de recevoir la permission de faire des rêves immenses.

Ce jour-là, j'étais en camp de vacances. Après l'alunissage du module, on nous conduisit dans le bâtiment principal où l'on avait installé un poste de télévision. Les astronautes mirent un temps fou à se préparer avant de descendre l'échelle et de fouler le sol lunaire. C'était compréhensible. Ils devaient endosser un équipement très lourd, régler de nombreux détails. Comme tous mes camarades, j'attendis patiemment.

Les responsables du camp, eux, ne cessaient de consulter leur montre. Il était déjà plus de 23 heures. Finalement, alors qu'un événement fabuleux allait se dérouler sur la Lune, un autre, désolant, se produisit ici, sur Terre. Il était trop tard. L'heure de se coucher était arrivée. On nous renvoya tous sous nos tentes.

J'étais furieux contre les responsables du camp. J'avais envie de leur crier :

– L'espèce humaine vient enfin de s'arracher à notre planète pour aller explorer l'Univers et tout ce qui vous importe, c'est qu'il est l'heure d'aller au lit ?

De retour chez moi, quelques semaines plus tard, j'appris que mon père avait photographié notre écran de télévision à la seconde même où Neil Armstrong posait le pied sur la lune. Il avait immortalisé cet instant à mon intention, sachant qu'il susciterait en moi des rêves immenses. Nous avons toujours cette photo dans un album.

Je comprends l'argument selon lequel les milliards de dollars dépensés pour envoyer des hommes sur la Lune auraient été mieux employés à combattre la pauvreté et la faim dans le monde. Mais je suis un scientifique. Pour moi, l'idéal est la clé de tout, le moteur qui nous pousse à faire le bien.

L'alunissage photographié sur notre télévision, par mon père

La lutte contre la misère est une action noble, mais qui, souvent, ne s'attaque pas aux vrais problèmes. La conquête spatiale nous incite à nous dépasser, à aller au bout des possibilités humaines. C'est ainsi que nos problèmes les plus graves finiront par être résolus.

Laissez vos enfants rêver. Alimentez aussi leurs rêves, même si cela implique qu'ils aillent de temps en temps se coucher plus tard que d'habitude.

29
Le sérieux est plus important que le brio

Je préfère de loin quelqu'un de sérieux – même un peu trop – à une personne au vernis brillant mais superficiel. Les êtres réputés brillants se découragent souvent très vite. Les gens sérieux, eux, misent toujours sur le long terme.

Le sérieux est très sous-estimé. On a aujourd'hui tendance à le railler. On a tort. Car il vient du plus profond, exprime des vertus fondamentales. Le brio, lui, cherche à séduire, mais reste en surface.

Ceux qui mettent leur aisance en avant jouent la comédie. Je respecte davantage quelqu'un de sérieux dont l'œuvre, quelle qu'elle soit, durera des générations, qu'un être doué qui se dispersera et au bout du compte n'aboutira à rien.

Quelqu'un de sérieux me fait penser à un scout qui, à force de travail, devient chef. Au cours de mes entretiens avec des gens désireux de travailler avec moi, lorsque je tombais sur un candidat qui avait été chef scout, j'essayais presque toujours de l'embaucher. Je savais que son désir de bien faire n'avait rien à voir avec une ambition à court terme.

Songez-y. Être devenu chef scout est le seul exploit de son adolescence qu'un homme de cinquante ans pourra mentionner sur son curriculum vitæ et qui impressionnera encore. Pour ma part, en dépit de mes efforts pour cultiver mon sérieux, je n'y suis jamais parvenu.

La mode, expression commerciale de la futilité, symbolise à merveille la différence entre sérieux et brio. J'y suis totalement indifférent. Voilà pourquoi j'achète rarement de nouveaux vêtements. La mode va et vient. Ce qui est dans le vent aujourd'hui ne le sera plus demain et le redeviendra après-demain, uniquement en fonction de ce que des marchands avisés estiment pourvoir vendre. Je trouve cela grotesque.

Mes parents m'ont toujours répété :

– On achète de nouveaux vêtements quand les vieux sont usés.

Quiconque a remarqué ce que je portais lors de mon dernier discours sait que j'ai toujours suivi ce précepte !

Ma garde-robe n'a rien de frivole. J'espère qu'elle exprime ce que je suis réellement et le sérieux avec lequel, en dépit de mes défauts, j'ai mené ma vie.

« L'habit ne fait pas le moine », dit le proverbe. Rien n'est plus faux. On pourrait affirmer, au contraire : « Dis-moi comment tu t'habilles, je te dirai qui tu es. »

30

Hisser le drapeau blanc

Ma mère m'appelle toujours Randolph.

Elle a grandi dans une petite ferme laitière de Virginie pendant la Grande Dépression, se demandant toujours si elle aurait, le soir, de quoi manger. Randolph, le prénom qu'elle choisit pour moi, sonnait bien à ses oreilles. Il évoquait pour elle ces jeunes gens huppés qui toisaient les pauvres avec dédain. C'est sans doute pour cette raison que je l'ai toujours rejeté et détesté. Qui voudrait d'un tel prénom ?

Pourtant, ma mère y tenait. Adolescent, je me rebellai contre elle à ce sujet.

– Crois-tu vraiment que ton droit de m'appeler comme bon te semble compte plus que mon droit d'avoir ma propre identité ?

– Oui, Randolph, répondit-elle, je le crois.

Lorsque j'entrai à l'université, mon exaspération était à son comble. Ma mère m'écrivait des lettres adressées à Randolph Pausch. Je les lui renvoyais non ouvertes avec, sur l'enveloppe, la mention « N'habite pas à l'adresse indiquée ».

Dans un héroïque souci d'apaisement, elle finit par adresser ses missives à R. Pausch. Celles-là, je les ouvris. Elle ne désarma pas pour autant. Chaque fois qu'elle m'avait au téléphone, elle me disait : « Randolph, as-tu reçu nos lettres ? ».

À présent, tant d'années plus tard, j'ai capitulé. J'éprouve une telle gratitude à l'égard de ma mère que, si elle veut continuer à m'accabler de ce « olph » inutile et ridicule, je l'accepte avec joie. La vie est trop courte.

Maman et moi, à la plage

Au fil du temps et lorsque que la fin approche, certains combats dérisoires n'ont plus de raison d'être. Mieux vaut se rendre.

Hisser le drapeau blanc n'a rien de honteux. Bien au contraire.

C'est même, parfois, une preuve d'amour.

31
Faisons un pacte

À l'université, je pris l'habitude, pendant les repas, de me balancer sur ma chaise. Cela devint un tic. Même lorsque je rendais visite à mes parents, je ne pouvais m'en empêcher, ce qui excédait ma mère.

– Randolph, s'écriait-elle, tu vas finir par la casser !

Peine perdue. J'aimais à me balancer en équilibre sur deux pieds de la chaise. Cela me détendait. Quant à la chaise, elle paraissait très bien supporter ce traitement. Repas après repas, elle grinçait toujours. Et ma mère continuait de s'exclamer :

– Arrête, je ne le répéterai pas !

Je décidai alors de faire un pacte avec elle. Si je cassais la chaise, je ne me contenterais pas d'en acheter une autre. Je remplacerais tout le mobilier de la salle à manger. Cela me semblait normal, ajoutai-je, dans la mesure où une seule chaise neuve aurait juré avec le reste. Mais, jusqu'à ce que je brise cette maudite chaise, plus de remontrances.

Ma mère avait raison. Je martyrisais cette pauvre chaise, qui finirait bien par céder. Toutefois, notre accord était un moyen d'éviter les disputes. Je reconnaissais ma responsabilité en cas de dégâts. Quant à elle, elle pourrait dire : « Il faut toujours écouter sa mère. »

La chaise ne s'est jamais effondrée. Et notre pacte tient toujours. Je me balance sur deux pieds, ma mère se tait. Toutefois, les données ont changé. Je ne prétends pas qu'elle m'encourage à présent à me balancer. Mais je crois qu'elle attend avec impatience sa nouvelle salle à manger.

32

Ne vous plaignez jamais, acharnez-vous !

Trop de personnes passent leur vie à se gémir sur leur sort. J'ai toujours pensé que si elles déployaient pour résoudre leurs problèmes le dixième de l'énergie qu'elles consacrent à leurs jérémiades, elles seraient émerveillées du résultat.

J'ai connu des êtres qui mettaient un point d'honneur à ne jamais se plaindre. Parmi eux, je citerai d'abord Sandy Blatt, le propriétaire du logement dans lequel je vivais pendant mon troisième cycle universitaire. Alors qu'il était jeune homme, un camion qui reculait l'avait heurté, pendant qu'il déchargeait des paquets et les descendait dans la cave d'un immeuble. Il dévala les marches et atterrit au bas de l'escalier.

– De quelle hauteur êtes-vous tombé ? lui demandai-je.

– D'assez haut, répondit-il.

Il en demeura tétraplégique pour le restant de ses jours.

Sandy avait été un athlète exceptionnel et, à l'époque de son accident, il était sur le point de se marier. Ne voulant pas être un fardeau pour sa fiancée, il lui dit :

– Tu ne t'es pas engagée à épouser un paralytique. Si tu veux rompre, je comprendrai. Tu peux me quitter l'esprit en paix.

Elle le fit.

Quand je le rencontrai, Sandy avait une trentaine d'années. Son comportement me remplit d'admiration. Son courage était tel qu'il dégageait une sorte d'aura. Il avait fait des études, était devenu conseiller conjugal. Il s'était marié, avait adopté des enfants. Il parlait de ses problèmes médicaux presque avec indifférence. Il m'expliqua un jour que les baisses de température sont très pénibles pour les tétraplégiques, car ils ne peuvent pas frissonner.

– Passe-moi cette couverture, veux-tu, Randy ? me disait-il dans ces cas-là.

Et c'était tout.

Un homme qui refusait lui aussi de se plaindre m'a marqué, peut-être plus que tous les autres. Il s'appelait Jackie Robinson. Il fut le premier Afro-Américain à jouer dans l'équipe nationale de base-ball. Il supporta un racisme que la plupart des jeunes gens d'aujourd'hui n'imaginent même pas. Il savait qu'il devait jouer mieux que les Blancs, qu'il n'y parviendrait qu'à force de travail et d'obstination.

Un portrait de Jackie Robinson ornait un des murs de mon bureau. La plupart de mes étudiants ignoraient qui il était ou n'en avaient que vaguement entendu parler. Nombre d'entre eux ne remarquaient même pas la photo. Cela m'attristait. Les jeunes gens qui n'ont connu que la télévision en couleur ne passent guère de temps à regarder des clichés en noir et blanc.

C'est bien dommage. Des gens comme Jackie Robinson et Sandy Blatt devraient leur servir de modèles. Leur message pourrait se résumer ainsi : se plaindre est une mauvaise stratégie. Nos jours et notre énergie sont limités. Le temps que nous consacrons à nous plaindre ne fera que nous détourner de nos objectifs. Et ne nous rendra pas plus heureux.

33

Traitez le mal, pas les symptômes !

Il y a des années, je fréquentais une ravissante jeune femme couverte de dettes. Elle n'en dormait plus. Tous les mois, de nouveaux intérêts s'ajoutaient aux milliers de dollars qu'elle devait débourser.

Pour calmer son angoisse, elle se rendait tous les mardis soir à un cours de méditation et de yoga. Ces séances, me disait-elle, l'apaisaient un peu. Elle inspirait en imaginant qu'elle trouvait le moyen de régler ses dettes. Elle expirait en se persuadant que ses problèmes financiers ne seraient plus, sous peu, qu'un mauvais souvenir.

Cela continua ainsi, mardi après mardi.

Finalement, un jour, j'étudiai ses comptes avec elle. J'en conclus que si elle travaillait à temps partiel tous les mardis soir pendant quatre ou cinq mois, elle parviendrait à éponger tout son passif.

Je lui précisai que je n'avais aucun préjugé contre le yoga ou la méditation. Mais il valait mieux, à mon avis, traiter le mal d'abord. Ses symptômes étaient le stress et l'anxiété. Son mal, c'était l'argent qu'elle devait.

– Pourquoi ne prends-tu pas un job le mardi soir, en

laissant le yoga de côté pendant un certain temps ? lui suggérai-je.

Pour elle, ce fut comme une révélation. Elle suivit mon conseil. Elle devint serveuse tous les mardis et put bientôt rembourser ses dettes. Ensuite, elle retourna à ses cours de yoga et respira bien mieux.

34

Ne soyez pas obsédé par ce qu'on pense de vous

Nombre de gens passent une partie importante de leur journée à se soucier de l'opinion d'autrui. Si aucun de nous ne s'inquiétait de ce que les autres ont en tête, notre efficacité, dans notre activité professionnelle comme dans notre vie privée, augmenterait de 33 %.

Comment en suis-je arrivé à ce pourcentage ? Je suis un scientifique. Et j'aime les chiffres exacts, même si je ne peux pas toujours les prouver. Alors, va pour 33 %.

J'ai toujours dit à ceux qui travaillaient dans mon groupe de recherche :

– Ne vous interrogez jamais sur ce que je pense. Que ce soit en bien ou en mal, je vous le ferai savoir.

Quand j'étais mécontent de quelqu'un, je le clamais haut et fort, de façon abrupte et parfois blessante. Cette franchise avait une contrepartie positive. Je rassurais les membres de mon groupe en rajoutant :

– Si je garde le silence, vous n'avez aucun souci à vous faire.

Mes étudiants et mes collègues en vinrent à apprécier mon attitude et ne perdirent plus de précieuses minutes à se demander : « Que peut bien penser Randy ? ».

Parce que la plupart du temps, je pensais : « Il y a, dans mon équipe, des gens dont l'efficacité dépasse de 33 % celle de tous les autres. »

Voilà ce que j'avais en tête.

35

Commencez par vous grouper

Quand je dois travailler avec d'autres personnes, j'essaie de nous imaginer autour d'une table avec un jeu de cartes. Mon instinct me pousse à étaler toutes mes cartes sur la table et à déclarer aux autres :

– Bien. Que pouvons-nous, collectivement, faire de cette donne ?

Être capable de travailler en équipe est une nécessité vitale, à la fois dans la vie professionnelle et dans la vie familiale.

Au fil des années, améliorer la dynamique de groupe est devenu pour moi une obsession. Le premier jour de chaque semestre, je divisais ma classe en une dizaine d'équipes de quatre personnes. Ensuite, le deuxième jour, je distribuai à chacune d'elle une note que j'avais rédigée, intitulée « Recettes pour réussir un travail d'équipe ». Nous l'épluchions ligne par ligne. Certains trouvaient mes recettes infantiles. Ils levaient les yeux au ciel, poussaient de grands soupirs ou ricanaient. Ils savaient jouer avec les autres. Ils l'avaient appris à la maternelle. Ils n'avaient pas besoin de mes sermons de maître d'école.

Toutefois, les plus lucides acceptaient mes conseils. Ils comprenaient que j'essayais de leur enseigner les principes de base. Un peu comme Graham commençant à nous entraîner sans ballon.

Voici quelques recettes parmi d'autres.

• **Soignez votre premier contact.**

Tout commence avec la première poignée de main. Faites tout de suite connaissance. Efforcez-vous de retenir d'emblée le nom de chacun.

• **Découvrez vos points communs.**

Nous pouvons presque toujours nous découvrir des affinités avec quelqu'un. Dès lors, il devient beaucoup plus facile de gommer les différences ; comme dans le sport, qui efface les frontières de races et de classes sociales. Et, à défaut d'autre chose, nous avons tous en commun le temps qu'il fait.

• **Rencontrez-vous dans les meilleures conditions possibles.**

Assurez-vous que personne n'a froid, ni faim ni soif. Si vous le pouvez, organisez la rencontre autour d'un repas. Une bonne table adoucit les échanges. Voilà pourquoi les déjeuners sont une institution à Hollywood.

• **Laissez tout le monde parler.**

Avant de confronter vos idées, précisez-les par écrit. Développez votre pensée sans vous décrire vous-même. Seule l'idée compte. Son auteur importe peu.

• **Mettez vos interlocuteurs en valeur.**

Ayez un mot gentil pour chacun, même si cela vous demande un effort. Si on s'y intéresse de près, même les plus mauvaises idées ont du bon.

• **Formulez vos propositions sous forme de question.**

Au lieu d'affirmer « Nous devrions faire ceci, et non cela », suggérez « Et si nous faisions ceci, au lieu de cela ? ». Cela permet aux autres de donner leur avis au lieu de défendre leur choix.

À la fin de ma petite leçon, j'annonçai à mes étudiants que j'avais trouvé un bon moyen de faire l'appel.

– Il me sera plus facile de vous désigner par équipe. Première équipe, levez la main... Deuxième équipe ?

À l'appel de chaque équipe, des mains se levèrent.

– Quelqu'un a-t-il une remarque à faire ? demandai-je.

Silence. J'appelai une nouvelle fois les équipes.

– Première équipe ?... Deuxième équipe ?... Troisième équipe ?...

Aux quatre coins de la pièce, les mains se levèrent à nouveau.

On a parfois besoin, pour faire réagir des étudiants – surtout s'ils sont persuadés de tout savoir – de se montrer théâtral. Ce que je fis.

À la fin de l'appel, j'élevai tout d'un coup la voix.

– Pourquoi restez-vous plantés là, toujours assis à côté de vos copains ? Pourquoi aucun de vous n'a-t-il rejoint les membres de son équipe ?

Certains devinèrent que ma colère était feinte, mais tous la prirent au sérieux.

– Je vais quitter la salle, ajoutai-je. Je serai de retour dans une minute. À ce moment-là, je veux que vous soyez tous réunis par équipes ! Compris ?

Je sortis en coup de vent. Je perçus, une fois dans la couloir, un mouvement de panique dans la salle : tous les étudiants rassemblaient en hâte leurs affaires et s'empressaient de changer de place.

Lorsque je revins, les équipes étaient constituées.

Alors, je me radoucis. J'expliquai à mes étudiants que mes recettes pour travailler en équipe ne se voulaient pas une insulte à leur intelligence ou à leur maturité. Je souhaitais simplement leur montrer qu'ils ne pourraient jamais les appliquer s'ils ne commençaient pas par le début.

Je n'eus plus besoin de le répéter. Au cours suivant et tout au long du semestre, tous se regroupèrent par équipe. Cela devint plus qu'une habitude, un véritable automatisme.

36

Recherchez le meilleur chez tout le monde

Jon Snoddy, mon héros à Disney Imagineering, me donna un jour un conseil superbe, que je n'ai jamais oublié.

– Si tu attends assez longtemps, les autres finiront toujours par te surprendre et t'impressionner.

Cela signifiait :

– Si quelqu'un te déçoit, s'il t'exaspère, c'est peut-être tout simplement parce que tu ne lui as pas laissé assez de temps.

Jon précisa que cela exigeait une grande patience. Cela prenait parfois des années.

– Mais au bout du compte, les autres te révéleront leur bon côté. Presque tout le monde en a un. Il suffit d'attendre qu'il éclate au grand jour. Et cela finit toujours par se produire.

37

Intéressez-vous à ce qu'ils font, non à ce qu'ils disent

Ma fille Chloé n'ayant que dix-huit mois, je ne peux le lui révéler maintenant. Mais quand elle sera assez âgée, je veux qu'elle sache ce qu'une de mes collègues m'a affirmé un jour et qui pourrait s'appliquer à toutes les jeunes filles du monde. En fait, tout bien pesé, c'est le meilleur conseil que j'aie jamais entendu.

Ma collègue me dit :

– J'ai mis du temps à comprendre ceci : quand un garçon s'intéresse à une fille et lui murmure des mots doux, surtout qu'elle ne l'écoute pas. Qu'elle ne tienne pas compte de ce qu'il dit, mais de ce qu'il fait.

Sage conseil. Je le retranscris ici, pour Chloé.

Et, en y réfléchissant bien, il pourrait également rendre de grands services à Dylan et à Logan.

38
Si vous ne réussissez pas du premier coup...

... Appliquez les bonnes vieilles maximes.

J'adore les clichés. En tous cas, nombre d'entre eux. J'éprouve le plus grand respect pour les phrases toutes faites, les rengaines qu'on serine de génération en génération. Si on ne se lasse pas de les répéter, n'est-ce pas parce qu'elles expriment toute la sagesse de ceux qui nous ont précédés ?

Les éducateurs ne devraient pas avoir peur de les asséner, encore et encore. Pour une raison très simple : les enfants ne les connaissent pas. Les jeunes gens non plus, d'ailleurs. J'ai eu de nombreuses occasions de m'en rendre compte. Ces phrases en apparence banales, qui ressemblent à des truismes, ont souvent un impact inattendu. Je ne peux résister au plaisir d'en citer quelques-unes.

Danse avec la personne qui t'a accompagné au bal.

Cette injonction, mes parents me la répétaient sans cesse. Elle ne s'applique pas uniquement aux cavaliers et aux cavalières des bals universitaires. Elle concerne tous les domaines de l'existence, toutes les activités humaines, publiques ou privées. Elle nous rappelle deux valeurs fondamentales, la loyauté, et le respect.

« La chance n'est que la conjonction de la volonté et de circonstances favorables. »

Cette maxime a été prononcée par Sénèque, un philosophe romain né cinq ans avant Jésus-Christ. Dans deux mille ans, elle sera toujours d'actualité.

Que tu te croies capable ou non, tu es dans le vrai.

Cet axiome fait partie de ceux que je réserve aux étudiants débutants.

« À part ça, madame Lincoln, comment avez-vous trouvé la pièce ? »

Cette phrase idiote fait allusion à la mort du président Abraham Lincoln, assassiné dans sa loge au cours d'une représentation théâtrale. Je la citais souvent pour convaincre mes étudiants de ne pas se focaliser sur des questions sans importance, en ignorant les vrais problèmes.

Je raffole également des images d'Épinal véhiculées par la culture populaire. Je ne me formalise pas quand mes enfants regardent *Superman*, non parce qu'il est invincible et parce qu'il vole, mais parce qu'il combat pour « la vérité, la justice et les valeurs américaines ». J'aime infiniment cette phrase.

J'adore aussi le film *Rocky*. J'adore même son thème musical. Ce que j'ai le plus apprécié dans cette histoire, c'est que Rocky ne se soucie pas de sortir vainqueur du combat qui clôt le film. Tout ce qu'il veut, c'est ne pas se faire mettre KO. Tel est son but ultime. Au cours des périodes les plus pénibles de mon traitement, j'ai souvent pensé à lui. Car il me rappelait une vérité élémentaire :

ce qui compte, ce ne sont pas les coups qu'on donne, mais ceux qu'on reçoit et auxquels on résiste pour aller de l'avant.

Bien sûr, de toutes les métaphores, celles qui me plaisent le plus font référence au football. Mes collègues ne se sont jamais étonnés de me voir arpenter les couloirs de Carnegie Mellon en faisant rebondir un ballon devant moi. Cela m'aidait à réfléchir. Ils pensaient sans doute la même chose des expressions sportives que j'employais face à mes étudiants qui, eux, en étaient souvent déroutés. Ils discutaient d'algorithmes informatiques, et moi je leur parlais de foot !

– Désolé, leur disais-je. Mais il vous sera plus facile d'assimiler les principes du football qu'à moi d'apprendre de nouvelles maximes.

J'aimais les imaginer gagnant un match à l'arraché, feintant, esquivant les attaques, fonçant dans la mêlée et réussissant la plus belle passe du siècle, même s'ils avaient du mal à marcher le lendemain.

Ils comprenaient ce que je cherchais à leur inculquer. Gagner ou perdre, quelle importance ? L'essentiel, c'est d'aller jusqu'au bout de soi-même.

39
Être le premier pingouin

L'expérience est ce qui s'acquiert quand on n'a pas obtenu ce qu'on voulait.

J'ai appris cet axiome lors de ma période sabbatique chez Electronic Arts, le fabricant de jeux vidéo. Elle m'a tellement frappé que je n'ai eu de cesse de la répéter à mes étudiants.

Cette phrase, nous devons l'avoir en tête chaque fois qu'un mur de brique se dresse devant nous, chaque fois que la vie nous déçoit. Elle nous rappelle également que la défaite est souvent salutaire.

À l'époque où je donnais mon cours sur la réalité virtuelle, j'encourageais mes étudiants à viser le plus haut possible, sans craindre l'échec. Je tenais à récompenser cet état d'esprit. Ainsi, à la fin de chaque semestre, j'offrais à une des équipes un pingouin en peluche. Ce trophée, le prix du Premier Pingouin, revenait à l'équipe qui avait pris le risque d'appliquer de nouvelles idées ou de nouvelles technologies et qui avait échoué. Il ne s'agissait nullement d'un prix de consolation. Il honorait l'audace, l'imagination, et ce qu'on pourrait appeler « une défaite glorieuse ».

Les autres étudiants saisissaient très bien le sens de cette distinction : les lauréats du Premier Pingouin étaient des perdants provisoires, promis au plus brillant avenir.

Ce trophée s'inspirait de la vie réelle des pingouins. Lorsqu'un groupe de ces animaux s'apprête à se risquer dans des eaux où sont peut-être tapis des prédateurs, l'un d'eux doit plonger le premier. J'avais d'abord intitulé mon prix le « prix de l'Échec le plus valorisant », mais le terme avait une connotation si négative que les lauréats ne l'auraient pas accepté.

Au fil des années, je me suis évertué à marteler à mes étudiants que l'industrie du loisir engendre d'innombrables produits qui finissent aux oubliettes. Cela n'a rien à voir avec la construction d'une maison où, qu'elle soit réussie ou ratée, des gens finiront toujours par s'installer. Un jeu vidéo peut très bien être conçu de façon brillante et ne jamais voir le jour. Il peut être aussi commercialisé et n'intéresser personne. Oui, les concepteurs de jeux vidéo qui connaissent le succès sont très demandés. Mais ceux qui échouent sont eux aussi recherchés, et parfois davantage.

Les fabricants préfèrent souvent engager des concepteurs qui, en dépit de leurs qualités, n'ont pas encore percé. Car celui qui a échoué une fois saura ce qu'il ne faut pas faire, alors que celui à qui la vie a souri risque de tomber dans tous les pièges.

L'expérience est ce qui s'acquiert quand on n'a pas obtenu ce qu'on voulait. Celui qui a connu la désillusion est toujours mieux armé pour affronter la réalité. Et son expérience est ce qu'il a de mieux à offrir.

40
Captez l'attention

J'ai eu affaire aux étudiants les plus doués qui soient. J'avais toute confiance en leur avenir. Ils feraient de grandes carrières, créeraient des logiciels et des animations extraordinaires. Pourtant, un écueil me perturbait. Ne risquaient-ils pas de frustrer des millions d'utilisateurs en leur proposant des projets trop complexes ?

Les spécialistes oublient souvent de rendre leurs réalisations accessibles au plus grand nombre. Nous sommes souvent incapables d'expliquer des tâches complexes de façon simple. Quiconque a essayé de déchiffrer le mode d'emploi d'un magnétoscope comprendra de quoi je parle.

Voilà pourquoi j'ai toujours essayé d'amener mes étudiants à penser aux utilisateurs de leurs œuvres. Comment les convaincre de l'importance de créer des technologies utilisables par tous ? Je finis par trouver un moyen radical.

Alors que j'étais encore professeur à l'université de Virginie, je commençais mon cours en posant un magnétoscope sur l'estrade. Ensuite, je le détruisais d'un grand coup de marteau.

Je disais alors :

– Quand nous fabriquons un objet difficile à utiliser, les gens deviennent tellement furieux qu'ils rêvent de le piétiner. Telle est la règle d'or : ne donnons pas aux utilisateurs de nos créations l'envie de les détruire !

Les étudiants me considéraient d'un air circonspect, outré, ou amusé.

Ils pensaient : « Je ne sais pas qui est ce type, mais je reviendrai à son cours demain pour voir quel nouveau tour il nous réserve. »

En tout cas, j'avais capté leur attention. C'est ce qu'il faut toujours faire avant de proposer une solution à un problème.

Lorsque je quittai l'université de Virginie pour Carnegie Mellon, mon collègue et ami Gabe Robin m'offrit un gros marteau au manche orné d'une plaque gravée : « Honneur aux magnétoscopes à la vie si brève ».

Tous mes étudiants de cette époque ont aujourd'hui intégré le monde du travail. Tous planchent sur des technologies nouvelles. J'espère que, de temps à autre, ils se souviennent de moi brandissant mon marteau et se rappellent ce que je leur criais en mettant en pièces un malheureux magnétoscope :

– Soyez simples !

41
Remercier, un art qui se perd

Exprimer sa gratitude est une façon simple mais efficace de nouer des rapports humains. En dépit de mon modernisme, je reste persuadé que les manières tout à fait démodées d'autrefois ont du bon. Un petit mot de remerciement écrit à la main sur du papier à lettre ira droit au cœur de son destinataire.

Rien de tel pour toucher ceux dont dépend votre sort. Votre geste les surprendra et ils se souviendront de vous.

Au risque de paraître vieux jeu, j'ai toujours conseillé à mes étudiants de ne pas mépriser ces gestes de l'ancien temps.

– Le stylo, leur disais-je, vous paraît remonter à une époque aussi lointaine que celle des dinosaures. Mais certains en conservent la nostalgie. Les dossiers que nous, professeurs, recevons, ne comportent guère de petits mots écrits à la main. Pourtant, vous n'imaginez pas l'effet que peut avoir une phrase venue du fond du cœur. Elle prouvera votre sensibilité, le respect que vous portez à la personne à qui vous la destinez. Et cela ne pourra avoir que des conséquences positives.

Je me souviens par exemple d'une jeune fille qui, étudiante à Carnegie Mellon, demandait à intégrer notre « usine à rêves ». De prime abord, Don Marinelli et moi avions écarté sa candidature. Elle avait de grandes ambitions, elle voulait devenir conceptrice chez Disney. Ses références étaient bonnes, pas assez toutefois selon nos critères extrêmement sélectifs. Il est toujours difficile de rejeter quelqu'un. Avant de poser son dossier sur la pile des candidats refusés, je le feuilletai donc une dernière fois. Je remarquai alors qu'un petit mot manuscrit avait été glissé entre les pages.

Il ne s'adressait ni à moi, ni à Don Marinelli, ni à aucun professeur. La jeune fille l'avait envoyé à un membre du personnel administratif qui l'avait aidée dans ses démarches. Cette personne ne pouvant avoir aucune influence sur son admission dans notre cours, il ne s'agissait donc pas d'un geste intéressé. Il était spontané, sans arrière-pensée. À l'insu de la jeune fille, l'employé l'avait intégré à son dossier. À présent, je l'avais sous les yeux. Et il me frappa.

– Ce petit mot, dis-je à Don, en dit davantage sur elle que l'ensemble de son curriculum.

Je relus donc son dossier avec soin. Finalement, je décidai de l'accepter dans notre cours. Don acquiesça.

La jeune fille fit donc partie de notre « usine à rêves ». Elle réussit ses examens. Elle est aujourd'hui conceptrice chez Disney.

Je lui ai raconté cette histoire. Depuis, elle la raconte autour d'elle.

Malgré ce que j'endure aujourd'hui et en dépit de mes soucis de santé, je m'efforce toujours, lorsque c'est important, d'envoyer aux gens de petits mots manuscrits. Cela ne coûte rien. Et on ne sait jamais quelle joie cela peut procurer à ceux qui les découvrent dans leur boîte aux lettres.

42

La loyauté n'est pas à sens unique

Au début des années quatre-vingt-dix, lorsque Dennis Cosgrove suivait mon cours à l'université de Virginie, chacune de ses interventions m'impressionnait. Il effectuait un travail si éblouissant dans mon laboratoire de recherche qu'il était devenu mon assistant. Dans tous les domaines, il était considéré comme un étudiant de niveau A.

Sauf en calcul différentiel. Là, son niveau, F, était consternant. Non par manque de dispositions. Mais il se passionnait tellement pour l'informatique qu'il s'y consacrait tout entier, délaissant le reste. En fait, il séchait systématiquement les cours de calcul différentiel.

Cela posait un sérieux problème qui attira l'attention d'un des doyens. Il connaissait la valeur de Dennis. Il avait pris connaissance de ses tests d'admission à l'université. Selon lui, ce F fatidique en calcul différentiel ne provenait pas d'un manque d'aptitude, mais d'une attitude délibérée, d'une désinvolture qui justifiait une expulsion immédiate.

Je défendis mon élève bec et ongles au point d'indisposer le doyen, qui me reprocha de n'être qu'un jeune professeur pas même titularisé, dressé sur ses ergots. J'avais des arguments imparables. Le semestre étant commencé, on ne pouvait pas renvoyer Dennis du jour au lendemain, lui interdisant ainsi de s'inscrire dans une autre université. Cela aurait été contraire à la loi.

– Voulez-vous qu'un de nos étudiants les plus brillants vous fasse un procès ? m'écriai-je. Je crois en son avenir. Je me battrai jusqu'au bout pour lui !

Le doyen me scruta longuement. Puis il murmura :

– Je me souviendrai de notre entretien au moment de votre titularisation.

En d'autres termes, cela signifiait :

– Si Dennis ne donne pas entière satisfaction, votre capacité de jugement sera remise en cause.

– Marché conclu, répondis-je.

Dennis ne fut pas renvoyé. Il se montra assidu aux cours de calcul différentiel, passa tous ses examens. Devenu une sommité en informatique, il fut un des pères fondateurs d'Alice. Spécialiste de la réalité virtuelle, il conçoit des programmes pour la rendre plus accessible aux jeunes.

Je me suis battu pour lui quand il avait vingt et un ans. À présent, il a trente-six ans : à lui de prendre le relais, de se battre pour que mes vœux se réalisent. Il est mon successeur. Je l'ai chargé de développer Alice, notre enfant, de l'améliorer, d'assumer mon héritage.

Je lui ai permis de réaliser ses rêves alors qu'ils risquaient de se briser.

Il poursuit la réalisation des miens.

43
La solution du vendredi soir

J'ai obtenu ma titularisation avec un an d'avance sur le délai habituel. Mes jeunes collègues n'en sont pas revenus.

– Quel est ton secret ? m'ont-ils demandé.

Je leur ai répondu :

– Il est tout simple. Téléphonez-moi à mon bureau le vendredi à 22 heures et je vous le révélerai.

Cela se passait, bien sûr, avant que j'aie une famille.

La plupart des gens ne pensent qu'à brûler les étapes. Ils rêvent d'une martingale infaillible, d'une recette qui leur permettrait d'accéder au sommet le plus rapidement possible. Or, il n'y a qu'un secret, le temps. Et qu'une recette, le travail.

Si vous travaillez plus que les autres, vous en apprendrez davantage sur vos possibilités. Cela vous rendra plus efficace, plus compétent et même plus heureux. Le travail a le même effet que les intérêts d'un bon placement. La récompense vient plus vite.

Cette règle s'applique aussi à la vie privée. Je me suis toujours demandé comment les vieux couples avaient réussi à préserver leur entente, à poursuivre leur vie commune. Tous m'ont répondu :

– Nous avons travaillé dur.

44

Exprimez votre gratitude

Peu après ma titularisation à l'université de Virginie, j'emmenai les quinze membres de mon équipe de recherche faire un voyage d'une semaine jusqu'à Disney World, uniquement pour les remercier.

Un de mes collègues me prit à part et me dit :

– Randy, comment peux-tu faire ça ?

Peut-être pensait-il que je créais ainsi un précédent, que d'autres professeurs venant d'obtenir leur titularisation seraient obligés de suivre. Je répliquai :

– Ces étudiants se sont dépensés sans compter et m'ont donné le meilleur d'eux-mêmes. Comment aurais-je pu ne pas le faire ?

Nous sommes donc partis à seize pour la Floride, dans un bus affrété pour l'occasion. Ce fut un vrai bol d'air. J'organisai quand même, tout au long du trajet, des escales éducatives. Nous avons fait étape dans plusieurs universités pour prendre contact avec divers groupes de recherche informatique.

Cette traversée des États-Unis que j'offris à mes étudiants me permit de leur exprimer ma gratitude, tout en partageant avec eux une expérience unique. Je leur prouvais ainsi à quel point ils m'étaient chers.

Pendant tout le trajet, je me souvins de la dette que j'avais contractée à l'égard de mon mentor Andy van Dam. Il m'avait donné de bons conseils. Il avait changé ma vie. Jamais je n'aurais l'occasion de le remercier ainsi qu'il le méritait. Mais je pouvais, en pensant à lui, payer ma dette.

J'ai toujours dit à mes étudiants :

– Faites pour vos semblables ce que quelqu'un a fait pour vous.

En les emmenant à Disney World, en leur parlant de leurs aspirations et de leurs rêves, je faisais de mon mieux pour être digne d'Andy.

45
Du bienfait des douceurs

En tant que professeur principal, je supervisais le travail de documentation de mes collègues. Je leur demandais d'éplucher des articles souvent mortellement ennuyeux. Je m'efforçais de leur faciliter la tâche en joignant chaque fois à ces pensums un paquet de biscuits.

– Merci de votre contribution, leur écrivais-je. Vous trouverez ci-joint, à titre de récompense, de quoi faire une pause. Ne dévorez pas tout avant d'avoir lu l'ensemble de la paperasse.

Cela les faisait sourire. Et je n'ai jamais eu à les houspiller. Les biscuits étaient sur leur table. Ils savaient ce qu'il leur restait à faire.

De temps en temps, bien sûr, je leur envoyais un courriel. Au lieu de leur demander « Où en êtes-vous ? », je leur disais : « Avez-vous fini les biscuits ? ».

Si vous voulez un travail bien fait, ne tapez pas du poing sur la table. Agissez en douceur. Un cadeau, même modeste, n'est jamais superflu.

46

On n'a que ce qu'on apporte avec soi

Je me suis toujours efforcé de me préparer à toute éventualité. Que dois-je emporter en partant de chez moi ? Quand je me trouve face à mes étudiants, quelles questions dois-je prévoir ? Quand j'anticipe l'avenir de ma famille sans moi, quels documents dois-je mettre à jour ?

Enfant, j'accompagnais souvent ma mère lorsqu'elle allait faire ses courses. Un matin, lorsque j'avais sept ans, elle se rendit compte, arrivée devant la caisse, qu'elle n'avait pas acheté tout ce qui figurait sur sa liste. Elle me laissa avec le Caddie et courut chercher ce qu'elle avait oublié.

– Je reviens tout de suite, me lança-t-elle.

Effectivement, elle ne fut absente que quelques minutes. Mais j'eus le temps de disposer nos achats sur le tapis. La caissière les enregistra. Suivit un silence gêné. Je fixai la caissière, ne sachant trop que faire. Impassible, elle me regardait elle aussi. Enfin, elle décida de s'amuser un peu à mes dépens.

– Tu as de l'argent, petit ? Il faut que tu me payes.

Je ne compris pas qu'elle plaisantait. Je restai donc là, mortifié et embarrassé.

Lorsque ma mère revint, je ne pus maîtriser ma colère.

– Tu m'as abandonné ici sans argent ! La dame a exigé que je la paye, et je n'ai rien pu lui donner !

Depuis que je suis adulte, je ne me déplace jamais sans avoir au moins 200 dollars dans mon portefeuille. Bien sûr, je pourrais l'égarer ou me le faire voler. Mais pour un homme qui gagne convenablement sa vie, la perte d'une telle somme ne représente pas grand-chose. À l'inverse, ne pas avoir de liquide sur soi quand on en a besoin risque de poser un problème bien plus délicat.

J'ai toujours admiré les gens prévoyants. Un de mes camarades d'université, Norman Meyrovitch, fit un jour une présentation à l'aide d'un rétroprojecteur. Au milieu de son exposé, l'ampoule de l'appareil claqua. Un murmure monta de l'assistance. Il allait nous falloir attendre une bonne dizaine de minutes avant que quelqu'un trouve un autre projecteur.

– Pas de problème, annonça Norm. Ne vous inquiétez pas.

Il se baissa vers son sac à dos, en sortit quelque chose. C'était une ampoule de rechange. Qui aurait jamais pensé à ça ?

Notre professeur, Andy van Dam, était assis à côté de moi. Il se pencha vers moi et chuchota :

– Ce gars ira loin.

Il ne se trompait pas. Norm devint un des pontes de Macromedia Inc. Son travail influe sur l'existence de presque tous les utilisateurs d'Internet.

Un autre moyen de se préparer consiste à penser de façon négative.

Oui, je suis un grand optimiste. Mais chaque fois que j'ai une décision à prendre, j'envisage le pire scénario. Je l'appelle « le facteur du grand méchant loup ». Si je fais quelque chose, quelle catastrophe pourrait se produire ? Serai-je mangé par le loup ?

Un des meilleurs moyens de rester optimiste est d'avoir toujours un plan de rechange en cas de désastre. Je dis souvent à mes étudiants :

– Si vous vous aventurez dans la jungle, ne comptez que sur ce que vous avez emporté avec vous.

Or, dès qu'on sort de chez soi ou de son bureau, la jungle est partout. Donc, ayez de l'argent sur vous ! N'oubliez pas votre trousse de réparation. Méfiez-vous du loup, prévoyez une ampoule de rechange.

Soyez préparé !

47

Mieux vaut de mauvaises excuses que pas d'excuses du tout

On ne s'excuse pas à la légère, pour respecter un rite. Je dis toujours à mes étudiants :

– Si vous présentez vos excuses, une formule désinvolte les réduira à néant.

Des regrets exprimés sans sincérité sont souvent pires que pas de regrets du tout, car ceux qui les recevront les trouveront insultants. Mal agir avec quelqu'un infecte une relation. De bonnes excuses auront le même effet qu'un antibiotique, alors que les mauvaises ne font que répandre du sel sur la plaie.

Le travail d'équipe que j'imposais à mes étudiants provoquait de nombreuses frictions. Certains s'en souciaient comme d'une guigne. D'autres étaient si imbus d'eux-mêmes qu'ils en rendaient leurs partenaires responsables. En tout cas, l'heure des excuses arrivait tôt ou tard. Voilà pourquoi je me permettais de donner à mes élèves quelques règles de base.

Je leur indiquais d'abord les deux formules à ne jamais employer :

« Je suis navré que vous vous sentiez blessé par mon comportement. »

Cette phrase fait appel à l'émotivité de votre interlocuteur, mais indique clairement que vous n'avez aucune intention de soigner sa blessure.

« Je vous présente mes excuses pour mon attitude, mais vous devez également vous excuser pour la vôtre. »

Cette phrase n'exprime aucun regret. Elle exige que la personne d'en face exprime les siens.

Des excuses correctes comportent trois phases :

« J'ai mal agi. »

« Vous avoir blessé me remplit de remords. »

« Que puis-je faire pour me racheter ? »

Bien sûr, quelques personnes tireront avantage de la troisième question. Mais la plupart apprécieront à sa juste valeur votre désir de vous amender. Elles vous diront peut-être qu'un tout petit geste suffit. Et, souvent, elles s'efforceront même de faciliter vos rapports.

Mes étudiants m'objectaient :

– Et si la personne ne répond pas à mes excuses en s'excusant elle-même ?

Je leur rétorquais :

– Puisque vous n'y pouvez rien, ne l'attendez pas.

Si votre interlocuteur vous doit des excuses et si vos regrets sont sincères, vous risquez de ne pas entendre parler de lui pendant un certain temps. Après tout, il y a peu de chances pour qu'il ait ressenti le besoin de s'amender au même moment que vous. Alors, soyez patient. J'ai vu souvent, au cours de ma carrière, des étudiants réagir longtemps après avoir reçu des excuses de leurs partenaires.

Celui qui a été offensé ne doit pas se montrer inutilement exigeant. Celui qui l'a blessé et qui en souffre lui saura gré de sa patience et fera tout, ensuite, pour se réconcilier avec lui.

48
Dites la vérité

Si je ne devais laisser qu'un message de trois mots, ce serait celui-là :

– Dites la vérité.

Et si on m'accordait plus de trois mots, j'ajouterais :

– Tout le temps.

Mes parents m'ont toujours affirmé :

– Tu ne vaux que ce que vaut ta parole.

C'est la plus belle maxime que j'aie entendue.

L'honnêteté n'est pas seulement morale. Elle est aussi efficace. Dans un environnement où personne ne ment, nul n'a besoin de vérifier les propos des uns et des autres. J'ai toujours admiré le code d'honneur de l'université de Virginie. Si un étudiant, malade n'avait pu passer un examen, je n'avais nul besoin de lui soumettre ensuite un sujet différent de celui sur lequel avaient planché ses camarades. Il lui suffisait de me promettre qu'aucun d'entre eux ne lui en avait parlé. Je lui donnais le même sujet qu'aux autres.

Les gens mentent pour de nombreuses raisons, souvent parce qu'ils y voient le meilleur moyen d'obtenir sans effort ce qu'ils veulent. Mais, comme toutes les stratégies à courte vue, celle-là se révèle inefficace à long terme. On finit toujours par croiser, des années plus tard, ceux à qui on a menti. Ils s'en souviennent très bien. Et ils préviendront leur entourage.

Telle est la caractéristique du mensonge. Vous croyez vous en être débarrassé. Or, il vous revient toujours.

49

Toute une vie dans un crayon de couleur

Ceux qui me connaissent me reprochent parfois de tout voir en noir et blanc.

Un de mes collègues disait, en parlant de moi :

– Adressez-vous à Randy, si vous souhaitez recevoir un conseil en noir et blanc. Mais si vous voulez que ce conseil soit gris, il n'est pas votre homme.

D'accord. Je plaide coupable, et ce depuis longtemps. Quand j'étais enfant, j'affirmais que ma boîte de crayons n'avait que deux couleurs, le noir et le blanc. C'est sans doute pour cette raison que j'adore l'informatique. Avec les ordinateurs, on ne finasse pas. On n'a qu'une alternative, ou c'est juste ou c'est faux.

En vieillissant, j'ai appris à apprécier les autres couleurs, comme autant de nuances. Pourtant, je continue à croire que si on affronte la vie en face, le noir et le blanc primeront toujours.

Quoi qu'il en soit, j'adore les crayons.

Pour mon « Dernier discours », j'en avais apporté des centaines. Je voulais que chaque personne en prenne un en pénétrant dans l'amphithéâtre. Malheureusement, dans la confusion, j'ai oublié de les distribuer. C'est bien dommage. En évoquant les rêves d'enfance, j'aurais demandé à tous mes auditeurs de fermer les yeux et de caresser leur crayon pour éprouver la texture du bois, se souvenir du grain du papier à dessin. Ensuite, ils l'auraient longuement respiré. L'odeur d'un crayon de couleur ne nous fait-elle pas revivre la magie de l'enfance ?

J'ai vu un jour un de mes collègues proposer le même geste à un groupe de gens. Je m'en suis inspiré. Depuis, j'ai souvent un crayon dans ma poche. Chaque fois que la nostalgie du passé m'envahit, je le renifle.

Le blanc et le noir ont ma préférence. À chacun ses goûts. Mais n'importe quelle couleur a le même pouvoir.

Essayez.

Et vous verrez.

50

Un moulin à poivre à cent mille dollars

Alors que j'avais douze ans et que ma sœur en avait quatorze, nous sommes allés en famille visiter Disney World, à Orlando. Nos parents pensaient que nous étions assez grands pour nous promener dans le parc sans surveillance. À l'époque, les téléphones cellulaires n'existaient pas. Impossible, donc, de communiquer toutes les trente secondes. Nos parents nous recommandèrent de faire attention, nous désignèrent un endroit où nous retrouver une heure et demie plus tard, puis nous laissèrent partir.

Quelle joie ! Nous avions tout le loisir d'explorer seuls le monde de nos rêves. Pour remercier mon père et ma mère de nous avoir accordé une liberté aussi merveilleuse, nous avons décidé de leur offrir un cadeau.

Nous avons trouvé, dans une boutique, l'objet idéal : deux moulins à sel et à poivre, tenus chacun par deux ours accrochés à un même tronc d'arbre. Ravis, nous avons déboursé dix dollars. Notre présent emballé, nous avons remonté la rue principale, pour découvrir les autres attractions.

C'était moi qui tenais le cadeau. Hélas, dans la bousculade, il me glissa des mains et se brisa sur le sol. Ma sœur et moi avons éclaté en sanglots.

Une femme assista à la scène et s'adressa à nous.

– Rapportez cet objet au magasin. Je suis sûre qu'on vous en donnera un autre.

– Je ne peux pas faire ça, répondis-je. Tout est de ma faute. Je l'ai laissé tomber. Pourquoi le marchand le remplacerait-il ?

– Essaie quand même. On ne sait jamais.

Nous sommes donc retournés au magasin. Et nous n'avons pas menti ! Nous avons expliqué ce qui s'était passé. Les employés écoutèrent notre triste histoire, nous sourirent. Et ils nous dirent qu'ils allaient remplacer l'objet détruit. Ils ajoutèrent même qu'ils étaient responsables de l'accident, car ils avaient mal enveloppé le premier, alors qu'ils savaient qu'un enfant de douze ans, tout à son bonheur, risquait de le lâcher.

Sidérés, submergés non seulement par la gratitude, mais par l'incrédulité, nous avons quitté la boutique la tête dans les étoiles.

Bien sûr, nous avons tout raconté à nos parents. Ils en ont conçu une admiration éperdue pour le monde de Disney. En fait, cette fleur qu'on nous avait faite en remplaçant un moulin à poivre à dix dollars en fit gagner cent mille à Disney.

Je m'explique.

Des années plus tard, devenu conseiller de Disney Imagineering, je ne perdais pas une occasion de raconter l'histoire aux dirigeants de l'entreprise, avec qui j'avais l'occasion de bavarder.

Et surtout, j'insistais sur ses conséquences.

Mes parents inclurent, dans leur programme bénévole d'apprentissage de l'anglais aux nouveaux immigrants, une visite à Disney World. Ils affrétaient un bus et emmenaient chaque fois vingt-deux enfants visiter le parc. Mon père leur offrait leur billet d'entrée. Et j'étais de presque tous des voyages.

Au bout du compte, mes parents dépensèrent plus de cent mille dollars en billets, nourriture et souvenirs, pour nous et leurs protégés.

Après avoir raconté cette histoire à mes interlocuteurs de Disney, j'ajoutais :

– Si j'envoyais un enfant dans une de vos boutiques avec un moulin à poivre brisé, demanderiez-vous à vos employés d'avoir la gentillesse de le remplacer ?

Ils se tortillaient sur leur siège, me lançant un regard gêné. Leur réponse était évidente :

– Bien sûr que non.

Il n'est fait mention nulle part, dans leur comptabilité, qu'un objet à dix dollars est susceptible de leur en faire gagner cent mille. Peu leur importe qu'un enfant malchanceux ressorte d'une de leurs boutiques les mains vides.

Ils ont tort. Il y a plus d'un moyen de calculer les profits et pertes, et même les hommes en costume cravate peuvent et doivent avoir du cœur.

Ma mère a toujours ses deux moulins à cent mille dollars.

Le jour où les gens de Disney World l'ont remplacé a été un grand jour pour nous, et Disney World y a trouvé son compte !

51
Aucun emploi n'est indigne de vous

Je suis bien placé pour savoir que nombre de jeunes gens, de nos jours, croient que tout leur est dû, qu'on doit reconnaître d'emblée leur compétence et la valeur de leurs diplômes. La plupart d'entre eux refusent de commencer au bas de l'échelle. Choqué par ce complexe de supériorité, je leur ai toujours affirmé :

– Soyez ravis si on vous demande de trier le courrier. Et faites-le le mieux possible.

Personne n'aime entendre un novice clamer :

– Je ne suis pas fait pour trier le courrier, car cet emploi n'est pas digne de moi !

Aucun emploi n'est méprisable. Si vous ne parvenez pas à trier le courrier ou si vous ne voulez pas le faire, comment prouverez-vous que vous êtes capable de quoi que ce soit ?

Lorsque des entreprises embauchaient les étudiants de notre « usine à rêves » comme stagiaires ou comme débutants, nous leur demandions de nous tenir au courant de leurs résultats. La plupart du temps, leur patrons n'exprimaient aucune réserve sur leur compétence technique.

Mais ils leur reprochaient souvent de faire la fine bouche devant la tâche qu'on leur confiait et de viser déjà des postes prestigieux.

À quinze ans, j'ai travaillé chez un producteur de fruits. Je cueillais des fraises. La plupart de mes camarades étaient des journaliers. Il y avait parmi eux deux professeurs qui amassaient un peu d'argent pour l'été. J'avouai à mon père que cette tâche me semblait dévalorisante pour eux (et pour moi, par la même occasion). Il me répondit par une diatribe que je n'oublierai jamais. Le travail manuel, m'asséna-t-il, n'est indigne de personne. Il préférait que je devienne le meilleur bineur du monde plutôt que de me pavaner d'un air supérieur derrière un bureau.

Je retournai chez le producteur de fruits. Le travail me déplaisait toujours autant. Mais les mots de mon père avaient fait leur chemin. Je pris sur moi et sarclai avec acharnement.

52
Sachez où vous êtes

– Bien, monsieur le professeur, que pouvez-vous pour nous ?

Ainsi fus-je accueilli par Marc Haley, un concepteur de vingt-sept ans qui devait me servir de guide pendant mes six mois sabbatiques chez Disney.

Là, mes diplômes ne signifiaient rien. Je me retrouvais dans la situation d'un voyageur qui, perdu dans un pays étranger, doit se familiariser avec une monnaie qu'il n'a jamais utilisée. Et vite !

Depuis des années, je raconte cette expérience à mes étudiants, car il s'agit d'une leçon fondamentale.

Bien sûr, je venais de réaliser un de mes rêves d'enfant, devenir concepteur. Mais je passais directement de mon laboratoire de recherche à un monde où seuls comptaient la créativité et le rendement. De coq dressé sur ses ergots, je m'étais subitement transformé en vilain petit canard jeté dans une mare où l'on se bousculait et où personne ne faisait de quartier.

Je travaillais sur le tapis d'Aladin qu'on testait à Epcot. Je rejoignis l'équipe des concepteurs qui interrogeaient des personnes invitées à l'essayer sur les effets de ce voyage virtuel. Avaient-elles eu des troubles de l'orientation, des nausées, des vertiges ?

Certains de mes nouveaux collègues me reprochèrent d'aborder ce travail avec un esprit universitaire inadapté au monde réel. Selon eux, ma formation d'informaticien et de scientifique l'emportait sur l'émotion, le divertissement pur. Finalement, je remontai dans leur estime après avoir réussi à gagner vingt secondes par cobaye en modifiant quelques données.

Si je raconte cette histoire à mes étudiants, c'est pour leur montrer à quel point il est difficile de passer d'une culture à une autre, c'est-à-dire, en ce qui les concerne, de l'université à leur premier emploi.

Pour moi, les choses se passèrent plutôt bien. À la fin de mes six mois, Disney Imagineering me proposa un poste à temps plein. La mort dans l'âme, je le refusai. L'attrait du métier d'enseignant était trop fort. Mais parce que j'étais parvenu à naviguer à la fois dans l'univers universitaire et dans celui de l'industrie du divertissement, Disney trouva un moyen de ne pas couper les ponts avec moi. Je devins consultant d'Imagineering une fois par semaine, fonction extrêmement stimulante, que j'exerçai pendant dix ans.

Si vous arrivez à avoir un pied dans deux cultures, vous avez de fortes chances de retirer le meilleur de chacune d'elles.

53

Ne renoncez jamais

À la fin de mes études secondaires, je sollicitai mon admission à l'université Brown. Sans succès. On me mit sur la liste d'attente. J'appelai le bureau des admissions jusqu'à ce que ses membres, impressionnés par mon insistance, retiennent ma candidature. Ma ténacité m'avait fait franchir un premier mur de brique.

Mon diplôme en poche, il ne me vint même pas à l'idée d'entamer un troisième cycle. Dans ma famille, on suit une formation, puis on trouve un travail. On n'étudie pas jusqu'à la fin de ses jours.

Pourtant, mon « oncle hollandais », Andy van Dam, qui avait été mon mentor à Brown, me donna un tout autre avis.

– Passe ton doctorat. Deviens professeur.

– Pourquoi ferais-je ça ?

– Parce que tu es un excellent vendeur. Si tu travailles pour une entreprise, on t'emploiera donc comme vendeur. Si tu dois absolument en être un, tu pourrais tout aussi bien vendre quelque chose qui en vaille la peine, comme le savoir.

Andy a décidé de mon destin. Je lui voue pour cela une reconnaissance éternelle.

Il me conseilla de demander mon admission à Carnegie Mellon, où il avait envoyé un grand nombre de ses meilleurs étudiants.

– Tu seras accepté sans problème, ajouta-t-il.

Il rédigea une lettre de recommandation.

Les enseignants de Carnegie Mellon lurent cette missive chaleureuse. Ils prirent ensuite connaissance de mes notes et de mes résultats, qui n'étaient guère mirobolants. Et ils rejetèrent ma candidature.

Je fus accepté dans d'autres universités, mais Carnegie Mellon ne voulait pas de moi. Je retournai voir Andy, posai la lettre de refus sur son bureau en lui disant :

– Si tu tiens à savoir quel cas Carnegie Mellon fait de tes recommandations...

La lettre à peine tombée sur la table, il tendit le bras vers son téléphone.

– Je vais arranger ça. Je vais te faire accepter.

Je l'arrêtai.

– Je ne veux pas faire les choses de cette façon.

Nous avons donc passé un marché. J'irais visiter les autres établissements. Si aucun d'eux ne me convenait, je reviendrais le voir et nous parlerions.

Aucune des universités qui m'avaient accepté ne me plut. Je retournai très vite vers Andy. Je lui annonçai que j'avais décidé de renoncer au doctorat et de chercher un emploi.

– Non, non ! s'écria-t-il. Tu dois passer ton doctorat. Et tu dois le faire à Carnegie Mellon.

Il appela aussitôt Nico Habermann, directeur du département d'informatique de Carnegie Mellon, lui aussi hollandais. Ils parlèrent de moi en néerlandais pendant un bon moment. Enfin, Andy raccrocha et me dit :

– Sois à son bureau demain à 8 heures.

Européen jusqu'au bout des ongles, Nico était un professeur de la vieille école. Il me parut clair qu'il ne me recevait que pour faire plaisir à son vieil ami Andy. Il me demanda pourquoi il reconsidérerait ma candidature, puisque ses pairs m'avaient déjà jugé.

Je répondis prudemment :

– Depuis, j'ai obtenu une bourse du Bureau de la recherche navale.

Il répliqua avec gravité :

– Avoir de l'argent ne fait pas partie de nos critères d'admission. Nous finançons la scolarité de nos étudiants, grâce aux subventions allouées à la recherche.

Alors, il me regarda. Plutôt, il regarda à travers moi.

Tout individu connaît, dans sa vie, des moments décisifs. Je sus tout de suite que celui-là en était un. Avec toute la déférence dont j'étais capable, je déclarai, essayant de gommer mon arrogance et d'oublier mon ego :

– Je suis navré. Je n'essayais pas de mettre cette question d'argent en avant. Simplement, le Bureau de la recherche navale n'a accordé que quinze bourses sur l'ensemble du pays. J'ai cru que je pouvais me prévaloir de cet honneur. Si cela vous a paru présomptueux, je vous demande de bien vouloir m'en excuser.

C'était la seule réponse que j'avais pu trouver, mais c'était la vérité. Très, très lentement, le visage glacial de Nico se radoucit et nous avons conversé encore quelques minutes.

Après avoir rencontré plusieurs autres membres du corps enseignant, je finis par être admis à Carnegie Mellon et j'obtins mon doctorat. Grâce à l'intervention énergique de mon mentor et à une manifestation sincère d'humilité, j'avais renversé un autre mur de brique, aussi solide qu'un rempart.

Jusqu'à mon « Dernier discours », je n'avais jamais avoué à mes étudiants ou à mes collègues que Carnegie Mellon avait d'abord refusé ma candidature. De quoi avais-je peur ? Qu'ils ne m'estiment pas à leur niveau ? Qu'ils ne me prennent plus au sérieux ?

Il est intéressant de voir quels secrets on décide de révéler à la fin de sa vie.

J'aurais dû raconter cette histoire depuis des années, car sa morale peut être utile à tous.

Si vous voulez vraiment quelque chose, ne renoncez jamais. Et si on vous tend une main secourable, prenez-la.

Les murs de brique ne se dressent jamais devant vous sans raison. Quand vous avez réussi à les franchir, même si quelqu'un vous a fait la courte échelle, vous rendrez service aux autres en leur révélant comment vous vous y êtes pris.

54

L'intérêt général prime sur tout

On fait grand cas, aux États-Unis et dans l'ensemble des pays occidentaux, des droits de la personne. Il s'agit d'une des grandes avancées de la civilisation. Mais parler de droits n'a aucun sens si on n'évoque pas aussi les devoirs.

Nos droits nous sont octroyés par la communauté. En retour, nous avons tous une responsabilité envers elle. Certains appellent cela le sens de l'intérêt général. Moi, j'appelle cela le bon sens.

Cette idée s'est perdue chez bon nombre d'entre nous. Au cours de mes années d'enseignement, j'ai remarqué que de plus en plus d'étudiants ne la partagent pas. Que les droits entraînent des devoirs leur paraît une notion tout à fait étrange.

Au début de chaque semestre, je demandais à mes étudiants de signer un protocole définissant leurs responsabilités et leurs droits. Ils devaient accepter de travailler de manière constructive en équipe, d'assister à certaines réunions, d'aider leurs pairs en commentant honnêtement leur travail. En retour, ils avaient le droit de suivre mon cours, de voir leurs résultats critiqués et rendus publics.

Certains se montrèrent réticents. Sans doute parce que nous, les adultes, ne sommes pas toujours des modèles très fiables. Nous considérons par exemple tous que nous avons droit, en cas de délit ou de crime, à un procès équitable. Cependant, nombre d'entre nous font des pieds et des mains pour ne pas faire partie d'un jury, ce qui est pourtant un devoir.

Je voulais que mes étudiants prennent conscience de ceci : tout le monde doit contribuer au bien commun. Le refus de le faire ne peut se décrire que d'un mot, égoïsme.

Mon père nous l'a appris par son exemple. Mais il cherchait également des façons originales de l'enseigner aux autres. Il le fit très intelligemment, à l'époque où il dirigeait un petit club de base-ball.

Il avait le plus grand mal à trouver des arbitres. C'était une fonction épouvantable. Chaque décision provoquait la colère des jeunes joueurs ou de leurs parents. À cela s'ajoutait la peur. Courir au milieu d'une bande de gamins aux gestes vifs et désordonnés pouvait valoir au malheureux arbitre des coups de batte ou une balle en pleine figure.

Mon père eut donc une idée. Au lieu de chercher des volontaires adultes, il décida de confier le rôle d'arbitre à des membres du club. Les aînés arbitreraient les matchs des plus petits, ce qui constituerait pour eux, expliqua mon père, un honneur.

Cette initiative donna plusieurs résultats.

Les adolescents sélectionnés comme arbitres éprouvèrent dans leur chair la difficulté de cette fonction. Plus jamais ils ne contestèrent un arbitrage. De plus, ils furent heureux de donner un coup de main à leurs cadets. De leur côté, les plus jeunes, séduits par leur dévouement, les prirent comme modèles.

Mon père avait créé un nouvel esprit. Car, il le savait, l'intérêt général passe avant tout et l'entraide ne peut que nous rendre meilleurs.

55

Il suffit de demander

Lors de la visite de mon père à Disney World, lui et moi attendions le monorail en compagnie de Dylan, âgé de quatre ans à l'époque. Mon fils rêvait de s'asseoir à l'avant du train avec le chauffeur. Mon père, toujours amoureux du « Pays des merveilles », en mourait d'envie lui aussi.

– Il est bien dommage qu'ils ne laissent pas les simples pékins s'asseoir là, dit-il.

Je répondis :

– C'est à voir. Papa. Quand j'étais concepteur, j'ai appris un truc pour se faufiler à l'avant. Tu veux que j'essaye ?

Il acquiesça avec enthousiasme.

Je me dirigeai donc vers l'aimable vendeur de billets du monorail.

– Excusez-moi, lui dis-je. Pourrions-nous, tous les trois, nous asseoir en tête du train ?

– Bien sûr, monsieur, répondit-il.

Il ouvrit la barrière et nous laissa prendre place à côté du chauffeur. Ce fut la seule fois de ma vie où je vis mon père complètement abasourdi.

– Je t'ai dit qu'il y avait un truc, lui murmurai-je au moment où le monorail démarrait. Je ne t'ai pas dit que c'était un truc compliqué.

Parfois, il suffit de demander.

Je n'ai jamais hésité à le faire. Je suis fier, par exemple, d'avoir pris mon courage à deux mains pour contacter Fred Brooks Junior, un des informaticiens les plus estimés au monde.

Il suffit de demander.

Après avoir commencé sa carrière chez IBM dans les années cinquante, il fonda le département de science informatique de l'université de Caroline du Nord. Il est célèbre parmi nous pour avoir déclaré, entre autres maximes géniales : « Affectez des effectifs supplémentaires à un projet de logiciel en retard, et vous ne ferez qu'augmenter ce retard », axiome désormais connu comme « la loi de Brooks ».

À près de trente ans, je ne le connaissais pas encore. Je lui écrivis donc par courriel :

– Si je descends en voiture de Virginie en Caroline du Nord, pourriez-vous m'accorder une demi-heure pour bavarder ?

Il me répondit :

– Si vous faites la route jusqu'ici, je vous en accorderai davantage.

Il me reçut pendant une heure et demie et devint, pour la vie, un de mes mentors. Des années plus tard, il m'invita à donner une conférence à l'université de Caroline du Nord. Ce voyage aboutit à l'événement le plus lumineux de mon existence, ma rencontre avec Jai.

Parfois, le simple fait de demander peut entraîner la réalisation de tous vos rêves.

À présent, alors que ma route tire à sa fin, je n'ai plus aucun scrupule à le faire. Il est de notoriété publique qu'on n'obtient ses résultats médicaux qu'après des jours d'attente. Or, je n'ai pas l'intention de consacrer le peu de temps qui me reste à faire le pied de grue dans le hall d'un d'hôpital. Donc, je demande toujours :

– Dans quels délais les plus brefs pourrait-on, à votre avis, me communiquer ces résultats ?

– Oh, me répond-on souvent, nous pourrions les avoir d'ici une heure.

– Parfait, dis-je. Je suis heureux de vous avoir posé la question !

Ces questions, posez-les toujours. Demandez. Plus souvent que vous ne le croyez, on vous répondra :

– Bien sûr !

56
Décidez-vous : gai luron ou rabat-joie

Lorsque j'annonçai au président de Carnegie Mellon, Jared Cohon, que j'allais prononcer un « Dernier discours », il s'écria :

– Je t'en conjure, demande à tous ces gens de rire et de profiter de la vie, parce que c'est le souvenir que je garderai de toi.

Je rétorquai :

– Je le ferai. Mais autant demander à un poisson d'insister sur l'importance de l'eau.

Je me demande comment on peut ne pas apprécier la vie. Je suis en train de mourir et je l'aime davantage chaque jour. Je ris comme jamais et je continuerai à rire jusqu'à la fin, pendant chaque minute qui me sera accordée. Parce qu'il n'y a pas d'autre comportement possible.

J'ai décidé, dès mon plus jeune âge, d'être un joyeux drille. Nous sommes tous devant le même choix : gai luron ou rabat-joie ? La réponse me semble aller de soi.

Au cours de mon dernier Halloween, je me suis beaucoup amusé. Nous nous sommes déguisés, Jai et moi, en

« Indestructibles », tout comme nos trois enfants. J'ai mis une photo de nous sur mon site Internet, pour montrer à tout le monde quelle « indestructible » famille nous formons. Les enfants étaient superbes. Quant à moi, j'avais l'air invincible, avec mes faux muscles de dessin animé. J'ai expliqué que la chimio n'avait en rien affecté mes pouvoirs surnaturels. J'ai reçu en réponse des dizaines de courriels attendris.

La chimio n'a en rien affecté mes pouvoirs surnaturels

Récemment, je suis allé faire de la plongée sous-marine avec trois de mes meilleurs amis, mon copain de lycée Jack Sheriff, mon colocataire de fac Scott Sherman et mon collègue d'Electronic Arts, Steve Seabolt. Nous avions tous le contexte présent à l'esprit. Ces amis avaient partagé plusieurs périodes de mon existence, ils souhaitaient ensemble m'offrir un week-end d'adieu.

Ils ne se connaissaient pas bien, mais nouèrent rapidement des liens très forts. Tout adultes que nous étions, nous avons ri pendant cette escapade comme des gamins de treize ans. Nous étions tous de joyeux drilles.

Nous avons réussi à éviter les phrases larmoyantes du genre : « Je t'aime, mon pote. » Nous n'avons pas parlé de mon cancer. Nous avons évoqué de vieux souvenirs, nous nous sommes moqué les uns des autres. En fait, ce sont eux surtout qui se sont moqués de mon nouveau surnom.

Depuis mon « Dernier discours », c'est « saint Randy de Pittsburgh ». Ils me connaissent. Ils savaient que je ne m'en formaliserais pas.

Je resterai un gai luron jusqu'au bout, jamais je ne deviendrai un rabat-joie. Quelqu'un m'a demandé ce que je souhaitais comme épitaphe, j'ai répondu :

– « Randy Pausch. Il a vécu trente ans après un diagnostic fatal. »

Je vous le promets. Ces trente années seront pleines de rires. Mais, si cela ne doit pas se produire, ma joie de vivre illuminera le temps qui me reste.

57

Un optimisme bien compris

Après que j'eus appris que j'avais un cancer, un de mes médecins me dit :

– Il est important que vous vous comportiez comme si deviez vivre encore longtemps.

Je l'avais déjà devancé.

– Doc, je viens d'acheter une nouvelle décapotable et j'ai subi une vasectomie. Que voulez-vous que je fasse de plus ?

Je ne nie pas ma situation, j'affronte l'inévitable les yeux ouverts. Je vis dans la perspective de ma mort prochaine. Mais en même temps, je vis pleinement ma vie.

Certains cancérologues prévoient, pour leurs patients, des rendez-vous s'étalant sur six mois. Les malades y voient une preuve d'optimisme : leurs médecins, pensent-ils, s'attendent à ce qu'ils survivent. Certaines personnes atteintes de maladies incurables consultent la liste des rendez-vous de leur médecin sur le tableau d'affichage et se disent :

– Je vais tenir jusque-là. Et quand j'y serai parvenu, j'aurai de bonnes nouvelles.

Herbet Zeh, mon chirurgien de Pittsburgh, s'inquiète pour des malades qui font preuve d'un optimisme exagéré ou sont mal informés de leur état. Il se désole lorsque des amis ou des relations leur assurent qu'ils doivent se montrer optimistes pour que leur traitement donne des résultats. Et il est toujours navré quand des patients qui ont passé une journée difficile à cause de leur maladie se persuadent que c'est parce qu'ils n'ont pas été assez positifs.

J'ai une conception toute personnelle de l'optimisme. Cet état d'esprit doit nous permettre de faire des choses tangibles pour améliorer notre état physique. Si on est optimiste, on est mieux à même de supporter une chimio brutale ou de continuer à chercher les traitements les plus récents et les plus performants.

Le docteur Zeh me considère comme l'incarnation d'un « équilibre sain entre optimisme et réalisme ». Il sait que j'essaie d'appréhender mon cancer comme une expérience semblable à toutes celles qui ont jalonné mon existence.

Toutefois, j'aime l'idée que ma vasectomie n'a pas été seulement un contrôle des naissances efficace, mais un geste d'optimisme par rapport à mon avenir. J'adore conduire ma nouvelle décapotable. Et j'aime songer que je pourrais trouver un moyen de devenir le type sur un million qui aura vaincu son cancer. Même si je n'y parviens pas, ce rêve m'aide à vivre pleinement chaque jour qui se lève.

58

L'énergie des autres

Depuis la large diffusion de mon « Dernier discours » sur Internet, j'ai reçu des messages d'innombrables personnes que j'ai rencontrées au fil des années, depuis des voisins d'enfance jusqu'à des relations de longue date. Leur affection, leurs paroles me sont allées droit au cœur.

Lire les lettres d'anciens étudiants et d'anciens collègues a été pour moi un vrai délice. Un professeur de mes amis m'a rappelé le conseil que je lui ai donné à l'époque où il n'était pas encore titularisé. Il m'a raconté que je l'avais fortement incité à tenir compte du moindre commentaire des présidents de départements. Il m'a rappelé textuellement mes propos.

– Ne te fie pas à leur courtoisie. Quand ils te suggèrent négligemment que tu pourrais envisager de faire quelque chose, dis-toi que tu viens de recevoir un grand coup d'aiguillon.

Un de mes anciens étudiants m'a annoncé par courriel que mon influence l'avait amené à créer un nouveau site Internet de développement personnel, intitulé : « Arrête de téter ta mère et défonce-toi ! », destiné à aider les gens qui vivent bien au-dessous de leurs possibilités. Même si ce langage ne me correspond pas, il exprime bien ma philosophie.

Comme pour illustrer cet adage, une copine de lycée qui avait repoussé mes avances m'a souhaité bonne chance et m'a expliqué en quoi elle m'avait, à l'époque, trouvé trop empoté pour elle. Elle en profitait pour glisser qu'elle n'avait pas encore déniché le mari idéal.

Plus sérieusement, des milliers d'inconnus m'ont assuré de leur sympathie. Leurs témoignages m'ont soutenu plus que je ne saurais l'exprimer. Nombre d'entre eux m'ont fait part de leur propre expérience, m'ont révélé comment eux ou certains de leurs proches avaient affronté la perspective de la mort.

Une femme qui a perdu son mari, terrassé à quarante-huit ans par le même cancer que le mien, m'a raconté qu'il avait prononcé son « Dernier discours » devant un auditoire restreint : elle, ses enfants, ses parents, ses frères et sœurs. Il les a remerciés pour leur appui et leur amour, a évoqué les endroits où ils s'étaient rendus tous ensemble, avant de leur confier tout ce qui avait le plus compté pour lui au cours de sa vie. Cette femme ajoutait qu'un psychologue avait apporté un secours inespéré à sa famille après le décès de son mari.

– Sachant ce que je sais maintenant, concluait-elle, Mme Pausch et vos enfants auront besoin de parler, de pleurer et de se souvenir.

Une autre femme, dont le mari est mort d'une tumeur au cerveau lorsque ses enfants avaient trois et huit ans, m'a demandé de transmettre un message à Jai :

– Vous pouvez survivre à l'inconcevable. Vos enfants seront pour vous une source irremplaçable de réconfort et d'amour, la meilleure raison pour que vous vous leviez tous les matins avec le sourire.

Elle poursuivait :

– Acceptez l'aide qu'on vous offre pendant que Randy est en vie, pour pouvoir apprécier vos ultimes moments ensemble. Acceptez également l'aide qu'on vous offrira quand il ne sera plus là. Vous trouverez ainsi la force de vous concentrer sur l'essentiel. Rencontrez des gens qui auront subi la même perte que vous. Cela vous consolera, vous et vos enfants.

Elle conjurait enfin Jai de les rassurer, de leur dire, lorsqu'ils seraient plus âgés, qu'ils mèneraient une vie normale. Ils feraient des études, se marieraient, fonderaient eux aussi une famille.

– Un enfant devenu, très jeune, orphelin d'un de ses parents, a souvent le sentiment qu'il n'aura pas la même existence que les autres, que les étapes qui jalonnent et éclairent notre chemin lui seront interdites.

Un homme d'une petite quarantaine d'années, qui souffre de sérieux problèmes cardiaques, m'a parlé de Krishnamurti, un guide spirituel indien mort en 1986. On interrogea un jour ce sage sur ce qu'il fallait dire à un ami sur le point de mourir. Il répondit :

– Dites à votre ami que vous l'accompagnerez dans sa mort. Une part de vous-même mourra elle aussi et s'en ira avec lui. Où qu'il aille, vous irez. Il ne sera pas seul.

Cet homme terminait son courriel ainsi :

– Je sais que vous n'êtes pas seul.

J'ai été aussi profondément ému par les témoignages de personnalités connues, que mon discours avait touchées. Par exemple, la présentatrice Diane Sawyer m'a reçu au cours de son journal télévisé. L'entretien terminé, nous avons poursuivi notre conversation. Nous avons parlé de mes enfants. Elle savait que je leur laisserais des lettres et des vidéos. Mais elle m'a donné un conseil que je n'ai pas oublié. Elle trouvait essentiel que j'insiste sur l'aspect charnel de nos rapports. J'y ai beaucoup réfléchi. J'ai décidé de dire à chacun d'eux des choses très simples, comme « J'adore la façon dont tu renverses la tête quand tu ris », de mettre en relief des attitudes, des gestes spontanés auxquels ils pourront se raccrocher.

Enfin, le docteur Reiss, la psychologue que Jai et moi consultons, m'a aidé à trouver des stratagèmes pour ne pas me laisser submerger par l'angoisse des scanners qui, régulièrement, rendent compte de l'évolution de ma maladie, afin de consacrer toute mon attention, tout mon cœur à ma famille. J'ai longtemps douté de l'utilité des psychothérapeutes. À présent, le dos au mur, je me rends compte à quel point ils peuvent être utiles. J'aimerais pouvoir visiter, sur le tapis d'Aladin, tous les pavillons de cancéreux du monde, pour le dire aux patients qui essaient d'affronter seuls leur maladie.

*
**

Des centaines de personnes m'ont parlé de la foi. Leurs commentaires et leurs prières m'ont remué au plus profond.

J'ai été élevé par des parents pour qui la foi ne relevait que de la sphère intime. Si je n'ai pas fait allusion à la mienne pendant mon « Dernier discours », c'est parce que je souhaitais insister sur des principes universels, communs à toutes les religions, faire partager des valeurs que m'ont fait découvrir tous ceux que j'ai approchés.

Bien sûr, les êtres que j'ai rencontrés à l'église sont très importants pour moi. Après mon opération, M.R. Kesley, une femme de notre paroisse, m'a rendu quotidiennement visite pendant onze jours. Et depuis mon diagnostic, notre pasteur m'a été d'un grand secours. Nous fréquentions, à Pittsburgh, la même piscine. Nous y étions tous les deux le lendemain du jour où l'on m'a annoncé l'issue fatale de ma maladie. Assis sur le rebord, il me regarda monter sur le plongeoir. Je lui fis un clin d'œil et piquai une tête.

Lorsque je l'eus rejoint sur le rebord, il murmura :

– Vous avez l'air en pleine forme, Randy.

Je lui répondis :

– C'est là que le bât blesse. Je me sens parfaitement bien. Pourtant, nous avons appris hier que mon cancer avait proliféré. Les médecins m'accordent entre trois et six mois.

Depuis, nous avons souvent parlé, lui et moi, de la meilleure façon de me préparer au trépas.

– Vous avez une assurance vie, n'est-ce pas ? s'enquit-il un jour.

– Oui, tout est en ordre.

– Il vous faut également une assurance sur l'amour. Et la prime en sera payée, non par votre argent, mais par votre temps.

Il me suggéra de passer des heures à réaliser des vidéos de moi avec mes enfants, pour qu'ils conservent des images de nos jeux et de nos rires. Dans des années, ils pourraient ainsi se souvenir de nos élans, de notre tendresse, de la confiance qui régnait entre nous. Il me demanda également de laisser à Jai une preuve concrète, visible, de tout ce que j'éprouvais pour elle.

– Si vous prenez maintenant cette assurance sur l'amour alors que vous vous sentez encore bien, conclut-il, les mois qui viennent pèseront moins lourd sur vos épaules. Vous serez plus paisible.

Mes amis, tous ceux que j'aime, mon pasteur... De parfaits inconnus... Chaque jour, des être humains m'accompagnent, m'insufflent leur énergie. Ils m'ont fait connaître ce que l'humanité a de meilleur. Jamais je ne leur exprimerai assez ma reconnaissance.

Grâce à eux, je ne me suis jamais senti seul, à l'orée de ce chemin où je m'engage.

VI

ULTIMES REMARQUES

59

Des rêves pour mes enfants

J'aurais tant à dire à mes enfants ! Pour l'heure, ils sont trop jeunes pour comprendre. Dylan vient d'avoir six ans, Logan en a trois, Chloé a dix-huit mois. Je veux qu'ils sachent qui je suis, ce à quoi j'ai toujours cru et tout ce qui m'a fait les aimer.

Étant donné leur âge, tant de choses leur passeraient au-dessus de la tête !

J'aimerais qu'ils puissent comprendre à quel point notre séparation prochaine me désespère.

Nous ne leur avons pas encore annoncé, Jai et moi, que j'allais mourir. On nous a conseillé d'attendre que j'aie l'air vraiment malade. Pour l'instant, même si je n'ai, selon les médecins, que quelques mois à vivre, je parais toujours vaillant. Mes enfants ne se rendent donc pas compte que chacune de nos rencontres équivaut de ma part à un adieu.

Ce qui me désespère, c'est qu'ils grandiront sans moi. Quand je sanglote sous ma douche, je ne pense pas : « Je ne les verrai pas faire ceci ou cela. » Je les imagine sans père. Je souffre plus de ce qu'ils vont perdre que de ce que, moi, je vais perdre. Bien sûr, une grande part de ma tristesse vient de ce que je me dis : « Je ne le verrai pas, je ne le ferai pas. » Mais c'est surtout sur eux que je pleure. Ce qui me torture, c'est ce qui leur manquera, le vide qu'ils devront combler.

Je sais que leur mémoire risque de faillir. Voilà pourquoi j'essaie de vivre avec eux des moments qu'ils trouveront inoubliables. Je veux que leurs souvenirs restent aussi marquants que possible.

J'ai emmené Dylan nager avec des dauphins. Un enfant qui a caressé des dauphins ne l'oublie pas. Nous avons pris de nombreuses photos.

Nous allons emmener Logan à Disney World, Jai et moi. Je suis sûr qu'il aimera cet endroit autant que moi. Il sera ravi de faire la connaissance de Mickey Mouse. Je l'ai déjà rencontré, je pourrai donc les présenter l'un à l'autre. Dylan sera lui aussi du voyage. Car Logan ne peut apprécier une belle balade si son grand frère n'y est pas associé.

Des souvenirs pour Dylan

Logan, le gai luron

Chaque soir, au pied de son lit, quand je lui demande avant qu'il s'endorme quel moment de sa journée il a préféré, il me répond invariablement :

– Quand j'ai joué avec Dylan.

Aucun lien ne remplacera jamais celui qui unit deux frères.

Il est possible que Chloé ne garde aucun souvenir de moi, elle est trop petite. Mais je veux qu'elle grandisse en sachant que j'ai été son premier amoureux. J'ai toujours cru qu'on exagérait la relation fusionnelle entre un père et sa fille, j'avais tort. Parfois, elle me regarde et je fonds.

Jai pourra apprendre à nos enfants tant de choses sur moi quand ils seront plus grands ! Elle pourra leur parler de mon optimisme, de ma gaieté, des valeurs que j'ai essayé de ne pas trahir. Elle pourra aussi, avec diplomatie, énumérer ce qui me rendait exaspérant, mon approche trop cartésienne de la vie, ma prétention à tout savoir mieux que les autres. Mais elle est modeste, bien plus que moi. Et il se peut qu'elle ne leur dise pas ceci : que tout au long de notre mariage elle a vécu avec un homme qui l'aimait vraiment, sincèrement, profondément. Et elle ne mentionnera pas tous les sacrifices qu'elle a consentis pour eux. Toute mère se soucie avant tout du bien-être de ses enfants. Ma maladie n'a fait qu'alourdir son fardeau. Elle a toujours oublié ses besoins pour ne penser qu'aux nôtres. Je veux que mes enfants sachent à quel point elle s'est montrée généreuse vis-à-vis de nous.

Je m'entretiens souvent avec des gens qui ont perdu leurs parents très jeunes. Je veux savoir ce qui les a aidés à traverser des périodes difficiles, quels souvenirs les ont le plus marqués.

Tous m'assurent que leur plus grande consolation a été de savoir combien leur père et leur mère les ont aimés. Cet amour, plus ils le découvraient, plus ils le maintenaient vivant.

Ils cherchent aussi des raisons d'être fiers. Ils veulent croire que leurs parents ont été des êtres hors norme. Certains se renseignent sur les actes extraordinaires qu'ils ont pu accomplir. D'autres inventent des légendes à leur sujet. Mais tous n'ont qu'un désir, savoir ce qui a fait de leurs parents des êtres d'exception.

Ces gens m'ont confié autre chose. Alors qu'ils conservent si peu d'images de leurs parents, ils trouvent réconfortant qu'ils soient morts en emportant de merveilleux souvenirs de ceux à qui ils ont donné la vie.

Moi aussi, je veux que mes enfants sachent que les souvenirs que je garde d'eux m'emplissent tout entier.

Commençons par Dylan. J'admire son bon cœur, sa sollicitude. Si un autre enfant pleure, souffre ou tremble de froid, il lui apportera un jouet ou une couverture.

Comme son vieux père, il a l'esprit d'analyse. Il a déjà admis que les questions comptent plus que les réponses. De nombreux enfants demandent : « Pourquoi, pourquoi, pourquoi ? ». Chez nous, nous avons une règle, ne jamais poser une question en un seul mot. Dylan y adhère tout à fait. Il aime formuler les siennes en construisant des phrases. Sa curiosité dénote une maturité étonnante pour son âge. Ses instituteurs se sont toujours extasiés sur lui.

Ils nous disaient :

– On se demande quel adulte deviendra ce gamin.

Dylan est aussi d'une curiosité insatiable. Où qu'il se trouve, il observe, examine, palpe, touche ce qui l'entoure. Quand on lui offre un jouet, il le démonte pour voir comment il fonctionne. Et puis il le remonte.

Logan, lui, transforme chaque seconde en aventure. Il a eu une naissance plus que difficile. Même les forceps ont eu du mal à l'extirper du ventre de sa mère, à la grande frayeur des médecins,. L'accouchement a duré si longtemps que ses bras, engourdis, ne remuaient plus. Notre inquiétude n'a pas duré. Dès qu'il a commencé à bouger, il ne s'est plus arrêté. Il n'est que boule d'énergie. Chez lui, pas une once d'égoïsme, de repli sur soi. Il va spontanément vers ses semblables. Personne ne résiste à son sourire, à son charme. Il n'a que trois ans, mais je peux déjà affirmer qu'il fera des ravages et aura un grand ascendant sur les autres.

Chloé, elle, est femme jusqu'au bout des ongles. J'ignorais, jusqu'à ce que je la tienne dans mes bras, qu'une petite fille pouvait, à peine née, exercer une telle séduction. À l'inverse de ses frères, elle est venue au monde sans heurts, comme Vénus sortant de l'onde. Ce fut un des moments les plus intenses, les plus bouleversants de ma vie. En la soulevant, en contemplant son visage minuscule, je sentis d'emblée entre nous un lien spécial, différent de celui qui m'attachait à mes fils.

Je ne me lasse pas de l'observer. À l'inverse de Dylan et de Logan, si téméraires, elle est prudente, presque craintive. Nous avons installé une barrière de sécurité au sommet de notre escalier : précaution inutile, car Chloé redoute avant tout de se faire mal. Pour Jai et moi, habitués à l'insouciance des deux aînés qui dévalaient les marches sans se soucier du danger, c'est une expérience nouvelle.

J'aime infiniment mes trois enfants, chacun de façon différente. Et je veux qu'ils sachent que je les aimerai tant qu'ils vivront. Oui, tant qu'ils vivront.

Pourtant, mon temps étant limité, je dois penser à renforcer mes liens avec eux. Je dresse donc des listes séparées des souvenirs que je garde de chacun. Je réalise des vidéos, pour qu'ils puissent se rendre compte, en me regardant et en m'écoutant, de tout ce qu'ils signifiaient pour moi. Je leur écris des lettres. Je considère également la vidéo de mon « Dernier discours » et aussi ce livre comme des parts de moi-même que je peux leur laisser. J'ai même une grande boîte de plastique transparent remplie des courriels que j'ai reçus au cours des semaines qui ont suivi ma conférence. Un jour, ils voudront peut-être en découvrir le contenu. J'espère qu'ils seront heureux de connaître les noms de mes amis et des inconnus pour qui mon « Dernier discours » a eu un sens.

J'ai tellement insisté sur la puissance des rêves de jeunesse que certaines personnes m'ont interrogé récemment sur ceux que je faisais pour ma fille et mes deux fils.

Je répondrai sans détour.

Des parents projetant leurs rêves sur leurs enfants risquent de les perturber de façon durable. Au cours de ma carrière de professeur, j'ai rencontré de nombreux étudiants inscrits dans des filières qui ne leur convenaient absolument pas. Ils en étaient très malheureux. Leurs parents leur avaient fait prendre le mauvais train. Il n'y avait, pour eux, qu'une issue possible : l'échec.

À mon sens, les parents doivent encourager chez leurs enfants la joie de vivre et le désir de suivre leurs propres rêves. Le mieux que nous puissions faire consiste à leur mettre entre les mains tous les outils nécessaires à la réalisation de leurs aspirations.

Les rêves que je fais pour les miens sont donc très précis : qu'ils trouvent leur voie, qu'ils s'épanouissent par eux-mêmes. Et puisque je ne serai plus là, je tiens à être très clair : mes enfants, ne cherchez pas à connaître les ambitions que je nourrissais pour vous. Devenez ce que vous, vous voulez devenir.

Je me suis rendu compte au fil des années que de nombreux parents ne mesurent pas le pouvoir de leurs paroles. Suivant l'âge ou l'indépendance d'esprit d'un enfant, un avis en apparence anodin de son père ou de sa mère peut avoir des conséquences désastreuses. J'ai peut-être eu tort d'insinuer que Logan pourrait devenir un jour un meneur d'hommes. Sa vie sera sa vie. Que mes enfants trouvent leur voie avec enthousiasme et passion. Je ne souhaite qu'une chose : quoi qu'ils décident, qu'ils se comportent comme si j'étais près d'eux, quel que soit le chemin qu'ils auront choisi.

60

Jai et moi

L'entourage d'un cancéreux a souvent un rôle ingrat. Le malade se concentre sur lui-même, reçoit toutes les marques de tendresse et de sympathie. Les personnes qui s'occupent de lui ont la tâche la plus difficile, sans avoir le temps de se soucier de leur propre chagrin.

Jai, dont la sollicitude à mon égard ne se dément pas, doit en plus élever trois jeunes enfants. Aussi ai-je préparé mon « Dernier discours » avec une intention particulière. Si cette conférence devait être « mon moment », je tenais à clamer devant tout le monde mon amour et mon estime pour ma femme.

Cela s'est passé ainsi. À la fin de mon discours, alors que je passais en revue les leçons que j'avais apprises au cours de ma vie, je dis à quel point il était vital de s'inquiéter d'autrui et non pas uniquement de soi. J'ajoutai, en me retournant :

– Je voudrais rendre hommage à une personne qui a toujours fait passer les autres avant elle.

Jai avait eu quarante et un ans la veille. J'avais donc commandé un gros gâteau, orné d'une seule bougie, qui attendait sur une table roulante dans les coulisses. Alors que Cleah Schulueter, une grande amie de Jai, le poussait vers l'assistance, j'expliquai à ceux qui m'écoutaient que ma femme, à cause de moi, n'avait pas encore pu fêter son anniversaire. Je poursuivis :

– Je propose donc aux quatre cents auditeurs présents de chanter pour elle.

Tous applaudirent à cette idée et se mirent à chanter : « Joyeux anniversaire, joyeux anniversaire... »

Réalisant soudain que certains ignoraient son prénom, je précisai très vite :

– Elle s'appelle Jai...

« Joyeux anniversaire, chère Jai... »

Ce fut inouï. Même les gens qui, groupés dans la salle voisine, suivaient la conférence sur un écran, reprirent le refrain.

Alors que nous chantions en chœur, je contemplais Jai. Assise au premier rang, elle essuyait ses larmes avec un sourire surpris. Tellement adorable, intimidée, si belle, ravie, bouleversée...

Il y a tant de choses dont Jai et moi discutons quand nous organisons la vie qu'elle mènera après ma disparition. « Chanceux » peut paraître un mot étrange pour qualifier ma situation, mais une part de moi se sent privilégiée. Après tout, j'aurais pu mourir subitement. Le cancer m'a donné le temps d'avoir avec Jai des conversations capitales que nous n'aurions jamais eues si j'étais mort d'une crise cardiaque ou dans un accident de voiture.

Pour commencer, je lui demande de ne pas oublier de se ménager. Elle fait preuve d'une telle générosité qu'elle oublie souvent de prendre soin d'elle. Or, lorsqu'on est physiquement ou moralement épuisé, on ne peut plus aider personne, surtout pas de jeunes enfants. Il n'y a aucune faiblesse ni aucun égoïsme à se réserver, dans la journée, des moments de solitude pendant lesquels on récupère. J'ai moi-même toujours trouvé très difficile de recharger mes batteries devant les enfants. Jai sait qu'elle devra faire de sa solidité une priorité.

Je lui ai souvent rappelé qu'elle commettrait des erreurs et qu'elle allait devoir les accepter. Si j'avais vécu plus longtemps, nous les aurions faites ensemble. Les erreurs sont le lot de tous les parents et il ne faudra pas qu'elle attribue les siennes au fait qu'elle élèvera nos enfants toute seule.

Certains parents, dans la situation qui sera la sienne, ont tendance à compenser la disparition de l'autre en couvrant leurs enfants de biens matériels. C'est un piège, et Jai en est consciente. Aucun objet, aucun cadeau ne remplaceront jamais un parent manquant. Bien au contraire. Trop gâter ses enfants peut les amener à se tourner vers de fausses valeurs.

Il est possible que Jai, comme de nombreux parents, trouve difficile les années d'adolescence de nos fils et de notre fille. Ayant toute ma vie fréquenté des étudiants, j'aimerais croire que je me serais bien entendu avec eux au cours de cette période. J'aurais été sévère, mais j'aurais admis leurs aspirations. Je regrette infiniment de ne plus être là pour l'épauler le moment venu.

La bonne nouvelle, c'est que d'autres personnes, des amis, des membres de la famille, insisteront pour l'aider. Elle a bien l'intention de les laisser faire. Tous les enfants, surtout ceux qui ont perdu leur père ou leur mère, ont besoin d'être entourés de personnes qui les aiment. Je repense à mes propres parents. Ils savaient qu'ils ne pouvaient être les seules personnes influentes dans ma vie.

Voilà pourquoi mon père m'inscrivit au club de football de Jim Graham. Jai trouvera de nouveaux Graham pour nos enfants.

Quant à la question essentielle, voici ma réponse.

Par-dessus tout, je veux que Jai soit heureuse au cours des années à venir. Si elle trouve son bonheur grâce à un remariage, ce sera merveilleux. Si elle trouve ce bonheur sans se remarier, ce sera très bien aussi.

Tout au long de notre vie commune, nous n'avons cessé, elle et moi, de consolider nos liens. Nous sommes parvenus à bien mieux communiquer, à percevoir d'instinct les besoins et la force de l'autre, à trouver des raisons supplémentaires de nous aimer. Nous sommes tous deux infiniment tristes de ne pas pouvoir jouir de cette richesse pendant les trente ou quarante années à venir. Nous ne savourerons pas la récompense de tous nos efforts. Mais nous n'échangerions nos huit ans de mariage pour rien au monde.

Jusqu'à présent, j'ai réussi à affronter ma maladie. Jai aussi. « Je n'ai pas besoin qu'on pleure sur moi », dit-elle. Elle est sincère. Mais nous ne jouons pas la comédie du courage. Même si notre psychothérapeute nous a considérablement aidés, nous avons eu des moments pénibles. Nous avons pleuré ensemble au lit, nous nous sommes endormis ensemble, nous nous sommes réveillés pour pleurer de plus belle. Nous résistons en nous consacrant tout entiers à nos tâches quotidiennes. Nous n'avons pas le droit de nous effondrer. Il faut que nous réussissions à dormir, car l'un de nous doit se lever le matin et préparer le petit déjeuner des enfants. Il s'agit presque toujours de Jai.

J'ai fêté récemment mon quarante-septième anniversaire. Jai a été obligée de se poser la question : « Qu'offrir à l'homme que j'aime pour son dernier anniversaire ? ». Elle a opté pour une montre et une télévision grand écran. Je ne suis pas un fanatique de la télévision, la plus grande perte de temps jamais conçue par l'homme. Toutefois, elle n'aurait pu trouver cadeau plus approprié. Car à la fin, je passerai le plus clair de mon temps au lit. La télévision sera mon dernier lien avec le monde extérieur.

Parfois, Jai me dit des choses auxquelles je ne sais quoi répondre. Elle m'a confié :

– Je n'arrive pas à m'imaginer me retournant dans le lit où tu ne seras plus.

Et :

– Je ne m'imagine pas non plus emmenant les enfants en vacances alors que tu ne seras pas avec nous.

Et :

– Randy, tu as toujours tout planifié pour nous. Qui maintenant le fera ?

Je ne m'inquiète pas. Elle se débrouillera très bien.

*
**

Je n'avais pas la moindre idée de ce que je devais faire ou dire après que l'assistance eut fini de chanter « Joyeux anniversaire » à Jai. Mais, alors que je l'avais priée de venir me rejoindre sur l'estrade et qu'elle s'avançait vers moi, je lui ouvris spontanément les bras. Elle eut le même geste que moi. Nous nous sommes enlacés et embrassés sur les lèvres. Ensuite, je déposai un baiser sur sa joue. La foule continua d'applaudir. Nous l'entendions, mais nous avions l'impression d'être à des milliers de kilomètres de là.

Blottie contre moi, Jai chuchota à mon oreille :

– Je t'en prie, ne meurs pas.

Cela ressemble à un dialogue hollywoodien. Mais c'est ce qu'elle m'a dit. Et je l'ai serrée encore plus fort.

61

Les rêves viendront à vous

Pendant des jours, j'avais redouté de ne pas être capable de terminer mon discours sans que ma voix ne se brise. Au cas où cela arriverait, j'avais donc inscrit les dernières phrases de ma conférence sur quatre diapos. Si je ne parvenais pas à les prononcer, j'avais prévu de faire défiler silencieusement les diapos, puis de dire simplement :

– Merci d'être venus aujourd'hui.

J'étais sur l'estrade depuis plus d'une heure. Les effets de la chimio, la fatigue liée à la station debout et les émotions qui me submergeaient commençaient à produire leurs effets. Je n'en pouvais plus.

En même temps, je me sentais apaisé et profondément satisfait. Je venais de faire le bilan de ma vie. La boucle était bouclée. J'avais d'abord dressé la liste de mes rêves d'enfant de huit ans. Trente-huit ans plus tard, ils m'avaient permis de dire ce que j'avais envie de dire et m'aidaient à surmonter l'épreuve que j'endurais.

De nombreux cancéreux affirment que leur maladie leur fait voir la vie sous un jour différent, avec une passion plus profonde, plus intense. Certains éprouvent même de la reconnaissance à l'égard de leur maladie. Je ne ressens rien de cet ordre pour mon cancer, même si je lui suis redevable de m'avoir prévenu à l'avance de la mort. J'ai pu ainsi préparer l'avenir de ma famille. Grâce à ce répit, j'ai eu également la chance de pouvoir prononcer mon « Dernier discours » à Carnegie Mellon. Il m'aura accordé le privilège de quitter la scène la tête haute.

La liste de mes rêves d'autrefois a eu d'autres bienfaits. Sans elle, qui sait si j'aurais pu exprimer ma gratitude à tous ceux qui la méritent ? Cette petite liste m'a permis de faire mes adieux à ceux qui comptaient tant pour moi.

Il y a autre chose. Spécialiste des technologies de pointe et, à ce titre, cartésien jusqu'au bout des ongles, je n'ai jamais vraiment compris les artistes et les acteurs que j'ai côtoyés et qui ont été mes élèves pendant des années. Parfois, ils parlaient de sensations qui, tapies au plus profond d'eux-mêmes, « avaient besoin de sortir ». Cela me paraissait un peu égocentrique. J'aurais dû me montrer plus attentif. Mon heure sur l'estrade m'a appris quelque chose. (Au moins, j'ai continué à apprendre !) J'avais moi aussi, au fond de moi, des sensations, des idées qui avaient désespérément besoin de sortir. Je n'avais pas donné ma dernière conférence uniquement parce que je le souhaitais. Je l'avais fait parce qu'il le fallait.

Je savais que mes paroles de conclusion provoqueraient en moi une émotion presque insupportable. Car je devais exprimer, à ce moment-là, ce que m'inspirait la fin de ma vie.

En terminant, je repassai brièvement en revue les points forts de mon discours. Ensuite, je le résumai en quelques mots. Mais avec une pirouette, une « fin surprise », si vous préférez.

– J'avais donc pour but en m'adressant à vous aujourd'hui, déclarai-je, de vous parler de la réalisation de nos rêves d'enfant. En fait, c'était une ruse, comme lorsque des collégiens croient apprendre une chose, alors qu'on leur en enseigne une autre. Avez-vous deviné où je voulais en venir ?

Je fis une pause. L'assistance garda le silence.

– En fait, poursuivis-je, mon sujet ne portait pas vraiment sur la réalisation de nos rêves de jeunesse... Mais sur la façon de mener notre vie. Si vous vous laissez guider par vos rêves, le destin se chargera du reste. Vos rêves viendront à vous.

Je cliquai sur la dernière diapo. Une question emplit le grand écran : « Avez-vous compris à qui je m'adressais vraiment ? ».

Je repris mon souffle. Je m'efforçai, ensuite, de parler un peu plus vite que précédemment. Si j'accélérais mon débit, pensais-je, je pourrais aller jusqu'au bout. Je répétai les mots qui s'étalaient sur l'écran.

– Avez-vous compris à qui je m'adressais vraiment ?

Alors, je le leur dis. Mon discours n'était pas uniquement destiné à ceux qui venaient de m'écouter.

– Je m'adressais à mes enfants.

Je cliquai sur la toute dernière diapo. C'était une photo de moi debout près du portique de notre jardin, tenant au creux de mon bras droit Logan, au visage illuminé par un sourire éclatant, et la douce Chloé au creux de mon bras gauche, tandis que Dylan chevauchait joyeusement mes épaules.

Remerciements

Ma gratitude va d'abord à Bob Miller, David Black, et Gary Morris. J'aimerais remercier spécialement notre éditeur, Will Balliett, pour son inaltérable gentillesse et son intégrité, ainsi que Jeffrey Zaslow, pour son incroyable talent et son professionnalisme.

Cette page ne pourrait contenir les noms des innombrables personnes à qui je dois également témoigner ma reconnaissance. Heureusement, les pages du Web peuvent se dérouler à l'infini. Vous trouverez, sur **www.thelastlecture.com**, la liste complète de mes remerciements et des dettes que j'ai contractées. On peut aussi visionner la vidéo de mon « Dernier discours » sur ce site.

*
**

Le cancer du pancréas finira par avoir raison de moi. J'ai travaillé avec deux organismes qui se consacrent à la lutte contre cette maladie. Ce sont :

The Pancreatic Cancer Action Network
www.pancan.org

The Lustgarten Foundation
www.lustgarten.org